**rowohlts
monographien
herausgegeben
von
Kurt Kusenberg**

Alfred Döblin

in Selbstzeugnissen
und Bilddokumenten
dargestellt von
Klaus Schröter

Rowohlt

Dieser Band wurde eigens für «rowohlts monographien» geschrieben
Den Anhang besorgte der Autor unter Mitarbeit von Helmut Riege
Herausgeber: Kurt Kusenberg · Redaktion: Beate Möhring
Schlußredaktion: K. A. Eberle
Umschlagentwurf: Werner Rebhuhn
Vorderseite: Alfred Döblin um 1928
Rückseite: Schutzumschlag der Erstausgabe von
«Berlin Alexanderplatz» von Georg Salter, 1929;
nach dem Schutzumschlag des Sonderbandes
Walter-Verlag Olten und Freiburg, 1967

Veröffentlicht im Rowohlt Taschenbuch Verlag GmbH,
Reinbek bei Hamburg, Mai 1978
Copyright © 1978 by Rowohlt Taschenbuch Verlag GmbH,
Reinbek bei Hamburg
Alle Rechte an dieser Ausgabe vorbehalten
Satz Times (Linotron 505 C)
Gesamtherstellung Clausen & Bosse, Leck/Schleswig
Printed in Germany
680-ISBN 3 499 50266 6

Inhalt

Alfred Döblin

Kindheit

«Der Verstand Ihrer Nation wird einen immer reineren und höheren Weg nehmen; aber wie sich das Herz derselben wärmer und heiliger bilde, ist schwer zu prophezeien, da zu dieser Bildung immer eine äußere Form – die der Regierung, der Religion usw. – gehört. Die jetzige ist die ungünstigste, die des kleinen Handels.»
Jean P. F. Richter an Samuel W. Friedländer, 31. Dezember 1799

Döblins eigentümliche Entwicklung ist von typischen Faktoren bestimmt worden: Assimilationsschwierigkeiten eines Juden in Preußen, das Zerbrechen der elterlichen Ehe und die folgende Verarmung seiner Familie, vornehmlich aber die Herkunft aus ohnehin ungesicherten kleinbürgerlichen Verhältnissen haben den Jungen von Anfang an gesellschaftliche Widersprüche erfahren lassen, die schon der Achtzehnjährige in die Formel vom *furchtbaren Kampfe der Menschen um Erwerb, um Sein und Nichtsein*[1]* (*Modern*) faßte, die der Erwachsene als gesetzmäßige Bedingungen der menschlichen Existenz wahrnahm und im Lauf seines Lebens verschiedentlich auf einen Begriff zu bringen versucht hat. Um diese Widersprüche zu versöhnen, hat Döblin mehrmals in seinem Werk auf transzendente Lösungen verwiesen. Aber solche Lösungen haben seine Erkenntnis der jeweils wirksamen gesellschaftlichen Ursachen der Widersprüche verhindert. Daß Döblin dennoch auf jeder Stufe seiner Entwicklung die Erkenntnis geschichtlicher und gesellschaftlicher Zusammenhänge gesucht und in seinem schriftstellerischen Werk diese Suche gestaltet hat, hebt ihn in die Reihe der bedeutenderen Autoren der bürgerlichen Literatur des 20. Jahrhunderts.

Alfred Döblin wurde am 10. August 1878 in Stettin an der Oder geboren. Seine Eltern kamen aus der Provinz, der Vater Max Döblin aus Posen, die Mutter Sophie, geb. Freudenheim, aus Samter, einige 30 Kilometer nordwestlich von Posen gelegen. Sie war die Tochter eines *kleinen Kaufmannes – Dorfkaufmann mit Materialwaren –*, dessen sich Döblin *als kleinen Mannes mit einer weißen Halsbinde*[2]

---

* Die hochgestellten Ziffern verweisen auf die Anmerkungen S. 138.

Stettin, um die Jahrhundertwende

noch in höheren Jahren erinnerte. Sophie Freudenheim wuchs in Samter auf. Sie hat den begrenzten Gesichtskreis, der sich ihr dort eröffnete, nie durchbrechen können. *Das schulmäßige Bildungsniveau ihrer Familie stand im allgemeinen nicht hoch.* Sie hatte für ihre Kinder Lebensweisheiten parat wie diese: «*Wie einem ein Haus einfällt, fällt's mir auf den Kopf*» und die mehr beruhigenden Sätze: «*Wie einer will*» und: «*Es ist schon immer wie geworden, es wird auch weiter wie werden . . .*»

Während das Mädchen bis zu seiner Verheiratung zu Hause gehalten wurde, waren seine Brüder *schon früh, um 1865, nach Breslau und Berlin gezogen, sind begüterte Holzhändler geworden,* deren Firmen bis 1933 *florierten.* Döblin hat als Gymnasiast und Student von diesem Aufschwung profitiert. Es war ein Aufschwung, der sich an die allgemeine Wirtschaftsentwicklung in Deutschland anlehnte: Die Brüder Freudenheim flohen die Provinz, um sich in den Handels- und Bankzentren niederzulassen, in denen sich Industrie- und Finanzkapital ballte und von denen aus die großen Wirtschaftsunternehmen unter den Erleichterungen des Deutschen Zollvereins lanciert wurden.

Als die Brüder Freudenheim aus Samter aufbrachen, war es noch nicht zwanzig Jahre her, daß den Juden in sämtlichen preußischen Provinzen eine relative bürgerliche Rechtsgleichheit zugesichert wurde, im sogenannten «Judengesetz» des Jahres 1847. Aber auch nach diesem Gesetz blieben Juden von Landständischen Rechten, obrigkeitlichen Ämtern und einem Teil der Lehrerstellen ausgeschlossen. Zum wirtschaftlichen Rückstand trat als dessen ideologische Rechtfertigung die rechtliche Benachteiligung – Döblin selbst hat beides erfahren. Und zwar nicht nur als Kind durch die hoffnungslosen Reden der Mutter, sondern als Heranwachsender im wilhelminischen Berlin.

Man sagt, die Religion ist die transcendentale Widerspiegelung des jeweiligen Gesellschaftszustandes[3] (*Modern*), hat Döblin als Gymnasiast notiert. Das ist eine einsichtigere Bemerkung als ein Rückblick auf den Gedanken des Vierzehnjährigen: *Gott sei das Gute. Er sei das Gute in der Welt. Das bilde die Auflösung des Rätsels «Gott».*[4] (*Epilog*) Es war die Mutter, die in der Familie das religiöse Element vertrat. Und zwar nach den jüdischen Traditionen der Freudenheims in Samter; deren Kinder hätten *Deutsch, aber auch Polnisch und schon etwas abgeschwächt Jiddisch* gesprochen. *Wenn meine Mutter an Verwandte schrieb, schrieb sie gern in jiddischen Buchstaben, die an Türkisch oder Arabisch erinnern ... Von meinem Vater ist mir das nicht bekannt.*[5] So wurde die Mutter zur Vermittlerin von Vorstellungen, die auf den jungen Döblin grundsätzlichen Einfluß geübt haben: Leiden, Opfer, Buße, Verheißung, Erwartung und Belohnung als Kategorien einer Religion, die dem patriarchalischen Regiment zur Beglaubigung und Rechtfertigung diente, müssen sich im Sinnieren der Sophie Freudenheim zu ungeheuren Mitteln der Autorität und Disziplinierung aufgebaut haben. Ihr Sohn hat sie sein Leben lang reflektiert. Er hat sich auch über Jahre voller Konflikte mit dem Asketismus der Mutter eine besondere Anhänglichkeit an sie bewahrt: ... *es war ein rührendes Bild, diese Frau, die schwer arbeitete und sich um uns mühte und die kaum die Zeitung las, an den hohen Feiertagen still abseits irgendwo in einer Stube zu sehen. Da hielt sie eines ihrer Bücher in der Hand und las eine Weile darin, hebräisch und mit halblauter Stimme. Manchmal war es nur ein Gemurmel. Wenn ich an Jüdisches denke, steht dieses Bild meiner Mutter vor mir.*[6] (*Schicksalsreise*)

Über des Vaters, Max Döblins, Herkunft wissen wir weniger. Seine Heimatstadt beherbergte in seiner Jugend bei nicht mehr als 100 000 Einwohnern 5000 Juden. Offenbar stammte Max Döblin aus noch kleineren Verhältnissen als Sophie Freudenheim: ... *er macht eine gute Partie mit der Freudenheim, eine schöne Person und Geld.* Max Döblin wurde als Fünfundzwanzigjähriger, *schwach, nachgiebig*, von den Eltern *verheiratet.*[7] Also eine durch und durch kleinbürgerliche Eheschließung, bei der die Mitgift der Frau zum Aufbau einer materiellen Existenz wichtiger als die persönliche Neigung wird. Aber nicht nur das: In der einseitigen Wahl der Frau für den Sohn durch Max Döblins Eltern zeigt die strikt patriarchalische, durch den Monotheismus des Alten Testaments kanonisierte Ethik von Auserwähltheit und Gehorsam, Gesetzlichkeit des Vaters und Knechtschaft des Sohnes ihre fortwirkende Kraft im Judentum. Sie hatte sich unter den Ostjuden weit verbindlicher erhalten als unter den Juden, die sich im westlichen Europa hatten «naturalisieren» und assimilieren können. Ja, diese Ethik half den Ostjuden unter den jahrhundertealten Diskriminierungen durch russische, polnische und auch noch preußische Gesetze ihren ethnischen und religiösen Zusammenhalt zu wahren.

Döblin hat in seinen Erinnerungen nur den Gegensatz von Temperamenten im Verhältnis der Eltern zum Sohn gelten lassen. *Seine Eltern waren sehr strenge Leute . . . Sie verheirateten ihn mit fünfundzwanzig Jahren . . . Er war schwach, nachgiebig. Er widerstrebte wenig, er ließ sich verheiraten . . . Man hätte ihn jung laufen lassen sollen oder ihm eine derbe oder sehr kluge Frau geben, Kandare oder ganz lose Zügel.*[8] So tief ist Döblins Denken vom alttestamentarischen Sittenkodex geprägt, daß er ihn noch in seiner Leugnung anerkennt. Knechtschaft oder Flucht, *Kandare oder ganz lose Zügel* – Döblins Kindheitserlebnisse, vom Fünfzigjährigen auf diese Formel gebracht, rufen schon die Antithetik hervor, die ihn in verschiedenen Erscheinungsformen sein Leben lang beschäftigt hat.

Wie die Brüder Freudenheim ließen sich Max und Sophie Döblin in einer bedeutenden Industriestadt nieder: Stettin, dem ersten Seehandelsplatz Preußens, Hauptstadt Pommerns (seit 1503), bis 1873 Festung. Als Döblin die Stadt als junger Dr. med. um 1906 wieder besuchte, fand er sie *sehr unbelebt und ohne Farbe.* Tatsächlich war sie ähnlich wie Lübeck zu einer Verwaltungsstadt geworden, seit das binnenländische Kanalsystem den niederländischen und nordwestdeutschen Häfen die rheinischen und schlesischen Industriegüter andienen konnte. Dieses Kanalsystem wurde erst gegen Ende des 19. Jahrhunderts geschlossen. Bis dahin hatte Stettin nächst Hamburg den Löwenanteil an den zunehmenden Getreideexporten nach England und Amerika und an der Verarbeitung und Verschiffung der ostelbischen Zuckerproduktion. Ein anderer großer Erwerbszweig war die Herrenkleiderkonfektion, die die Produkte der alten pommerschen Tuchmacher verarbeitete. Dieses Gewerbe ergriff Max Döblin, *so war er Inhaber eines Konfektionsgeschäftes, welches nicht ging. Worauf er eine Zuschneidestube eröffnete, die einen guten Verlauf nahm.*[9]

Die ersten zehn Lebensjahre Döblins nahmen unter diesen Um-

Die Mutter: Sophie Döblin, geb. Freudenheim

ständen den Verlauf, den sie in aufstrebenden kleinbürgerlichen Verhältnissen nehmen konnten. Er und seine vier Geschwister besuchten die Vorschule und dann die Sexta eines der beiden Realgymnasien. *Leidlich lernte er in der Vorschule, schwer wurde ihm schon die Sexta, er saß weit hinten. Aber zu Hause las und las er, schmökerte, was ihm in die Hände fiel. (Doktor Döblin, Selbstbiographie, 1917/18)* Auch schon die frühe Schulung der Phantasie durch Träumereien und Lesen setzte ein. *Ich erinnere mich aus meiner ganz frühen Kindheit, daß ich oft nicht zum Spielen gegangen bin, sondern friedlich zu Hause herumgesessen habe. Mit acht, neun Jahren las ich schon lieber, als ich Kreisel spielte, und ich war dabei gar nicht verdrossen oder zurückgestoßen.*[10] Der Anregungen, die ihm der Vater hier geben konnte, hat Döblin nur indirekt gedacht, indem er dessen vielfältige Begabungen schilderte. Er spielte mehrere Instrumente, komponierte. *Er saß über*

11

Der Vater: Max Döblin

Büchern auf Kompositionslehre. *Er sang nicht schlecht. Er schrieb Gelegenheitsgedichte, war ein fixer Zeichner. Er war geschickt im Entwerfen von Kostümen. Eigentlich ein unheimlich talentierter Knabe; lauter künstlerische Dinge.*[11] Max Döblin war ein Vetter des Operettenkomponisten Leon Jessel. Vor allem aber konnte er als Vater zwischen dem Kind und den Mächten der Schule noch vermitteln. Die tiefen Konflikte mit Schule und Lehrern werden von Döblin der Berliner Zeit, als der Vater die Familie verlassen hatte, zugeschrieben. Allerdings mußten sich Max Döblins Talente als die sprunghaften Versuche eines Dilettanten zeigen, ohne Konsequenz, ohne Zusammenhang, beliebig und willkürlich aufgenommen und fallengelassen. Das mag nicht ohne Folgen für Döblins Verhältnis zu den Disziplinen seiner späteren Tätigkeit geblieben sein. Seinem Philosophieren jedenfalls ist Dilettantismus nicht abzusprechen.

Motiviert war Döblins Philosophieren anfänglich durch den Wunsch, den jüdisch-christlichen Deismus mit wissenschaftlichen Erkenntnissen der Neuzeit in Einklang zu bringen, den transzendenten Gehalt seiner Religion zu säkularisieren. Eine analoge Motivation müssen wir bereits in den Versuchen des Vaters erkennen, sich von den Vorstellungen einer geoffenbarten Religion zu befreien und sich mit einer aufgeklärt weltlichen Sittenlehre vertraut zu machen. Wir wissen nicht, wieviel Max Döblin von diesen Bemühungen seinem Sohn weitergegeben hat; wir wissen nicht einmal, wann diese Bemühungen einsetzten. Daß sie aber die Folge der Umsiedlung aus der östlichen Provinz in die norddeutsche Hafenstadt waren, ist nicht zu bezweifeln, und daß Döblin von ihnen wußte, ist bekannt. Das Bild, das er aus den letzten Lebensjahren des Vaters aufgezeichnet hat, ist gereinigt von den Konflikten, die der Sohn durch die Eltern erlebt hat. *Der Mann hatte zuletzt einen ehrwürdigen weißen Bart, trug eine goldene Brille und sah wie ein alter Volksschullehrer aus. Er hat sich viel mit Freimaurerei beschäftigt.*[12] Im Bild der Mutter blieben Döblin zeitlebens die Traditionen seiner jüdischen Religion anschaulich, im Bild des Vaters aber sah er den Bruch mit ihnen. Dies war der erste grundlegende Widerspruch, unter dem er seine Kindheit erlebte.

Ich hörte zu Hause, schon in Stettin, meine Eltern wären jüdischer Abkunft und wir bildeten eine jüdische Familie. Viel mehr merkte ich innerhalb der Familie vom Judentum nicht. Draußen begegnete mir der Antisemitismus, wie selbstverständlich.[13] In Döblins Jugend wuchs der Antisemitismus im Reich zu einer von den Rechten benutzten ideologischen Waffe, deren Anti-Gehalt ihren romantischen Antikapitalismus stützen sollte. Heinrich von Treitschke resümierte im Jahr von Döblins Geburt: «Die Börsenmächte aller Kulturländer begannen sich in der Stille über das gemeinsame Geldinteresse zu verständigen, und die neue internationale Partei des Großkapitals fand ihre natürliche Stütze an dem vaterlandslosen Judentum.»

Die Phrase vom «vaterlandslosen Judentum» muß Döblin früh entgegengetreten sein. Denn als er sich zum erstenmal öffentlich mit jüdischen Problemen auseinandersetzte, in den zwanziger Jahren, beteuerte er immer wieder den gesellschaftlichen Zusammenhang der Juden als *Volk*, eine Vorstellung, die er sich nach dem Besuch Polens, nach dem Erlebnis der Diasporaverhältnisse unter den Ostjuden gebildet hatte. Er bringt diesen *Volks*begriff in nächste Nähe zu seiner Auffassung von *Staat* und *Nation* und findet durch die *Volks*zugehörigkeit der Juden die Möglichkeit begründet, die er für sie als Forderung aufstellt: *Sie können nationalisiert werden.* Es ist nichts anderes als die eigene Problematik, die er für *bewußte Juden im Westen* als Programm entwirft: *... sie vertreten offen, – wie ein Spanier oder Franzose oder Engländer – ihre Volksherkunft, unterhalten, soweit sie*

*wollen und können, Beziehungen zu dem Stammvolk und ihrer Lands-
mannschaft, aber sind doch und durchaus, wenn sie nicht zurückkehren wollen, haltlose bodenlose Absprengsel, sind neu nationalisiert.
Und damit haben sie ihre strenge gerade Linie auf das Volk hin, das sie
aufgenommen hat.* (*An die Redaktion «Der Jude»*, 1926) Gelöst war
für Döblin nach diesem halbherzigen Programm des *Assimilation
erfolgt immer nach beiden Seiten* gar nichts und konnte es auch nicht
sein, da aus dem substanzlosen *Volks*begriff der Übergang in einen
Staat, eine *Nation* nicht zu fundieren war. Die tiefe Zwiespältigkeit, in
die Döblin von den ersten Schuljahren, das heißt von den ersten
bewußt erfahrenen Auseinandersetzungen mit der Gesellschaft durch
das Problem der Assimilation gestürzt wurde, hat er nie ausgleichen
können. Noch im Exil der dreißiger Jahre, als ihn seine Vorstellung
von den Juden als *Volk* zu einem vorübergehenden Engagement für
die territorialistischen Ziele des Zionismus gebracht hatte, konnte er
in privater Mitteilung ausbrechen: . . . *die verfluchten Juden mag ich
nicht, man erlebt nur Enttäuschungen mit ihnen, sie sind ein verruchtes
heilloses Volk, glauben Sie mir, es sind gerissene bequeme Kerle, eine
völlig andere Bande, als in der Bibel steht, sie haben sich völlig mit den
Propheten ausgegeben, jetzt laufen nur Ketzer herum, aber ohne For-
mat, es reicht nur zum Teppichhandel und betrügerischem Bankrott,
was soll ich damit?* (An Ferdinand Lion, 22. Mai 1934)

Über Jahre und Jahrzehnte hinweg hatte Döblin diesen sogenannten jüdischen Selbsthaß unterdrückt und sich vorgetäuscht, daß ihm
draußen, außerhalb seiner Familie, der Antisemitismus *wie selbstverständlich* begegnet sei. Man kann zwar gesellschaftlich bedingte Umstände als *selbstverständlich* erleben. In ihren Folgen für die Bewußt-
seinsbildung sind sie das nie. Während der Kaiserzeit sprach Döblin
lediglich in privaten Mitteilungen von den Schwierigkeiten, die sein
Judentum in das Berufsleben einbrachte. In Momenten der Stellungs-
suche türmten sich diese Schwierigkeiten zu Schranken zwischen ihm
und der Bourgeoisie auf. Doch auch dann wird sein Wunsch nach
Assimilation nicht gebrochen: Als junger Dr. med. hegt er – damals in
Regensburg – mehrmals die ehrgeizige Vorstellung von sich als baye-
rischer *königl. Beamter im Frack bei der «vorgesetzten Behörde»*! (An
Herwarth Walden, 2. Dezember 1905) Das große *Aber* bleibt: . . . *ich
bin kein Arier; bin neugierig, was aus meiner Beamtung wird.* (An
Walden, 1906) Es muß in diesen Jahren nach der Promotion und vor
der Niederlassung in Berlin gewesen sein, daß er *seinen an der Oder
gelegenen Geburtsort Stettin . . . noch einmal besucht* hat. *Er wollte da
Arzt an einem Krankenhaus werden, stellte sich vor, bekam einen
Korb.* Abermals war der Grund: *Er glaubt seine Nase* (siehe unten)
habe nicht gefallen. (*Erster Rückblick*) Mehrmals erwähnt er gegen
Freunde die völlige Entfremdung und Isolation, in die er selbst unter

ärztlichen Kollegen sich zurückzieht. Er sei *mit allen überworfen: Den Oberarzt habe ich wegen Beleidigung verklagt . . . Der Direktor ist Corpsbruder des 1. Assistenten, ergo.* (An Walden, 1906) Selbst unter den besonderen Bedingungen als Militärarzt im Ersten Weltkrieg, als Döblin seine Assimilationsversuche zu einer vorbehaltlosen Identifikation mit *uns Preußen* vorantreibt (an Walden, 31. Januar 1915), wiederholt sich das Muster des Selbstausschlusses aus dem Kollegenkreis: *Wer soll diese Gesellschaft in der Nähe aushalten. Sie ist grausig; Kleinbürger, die sich gegenseitig beklatschen, Geschwätz unter einander her tragen. Du weißt, daß das Furchtbarste die Gesinnungsschnüffelei ist; das findet man hier aufs Schönste rechts und links; wie soll ich mit meiner Frivolität und Leichtigkeit in diesen Sachen da aushalten.* (An Walden, 3. Januar 1915) Preußentum und Judentum waren die Pole, zwischen denen Döblin seine *Assimilation nach beiden Seiten* betrieb und zwischen denen sein Selbstbewußtsein einerseits schwankte. Andererseits entwarfen ihm «Mosaisches Gesetz und preußischer Imperativ» auf doppelte Weise ein «pures Leistungsschema» (Robert Minder). In autobiographischen Äußerungen wird zugunsten des Preußentums während der Kaiserzeit jeder Hinweis auf seine jüdische Abkunft vermieden.

Erst in den Jahren der Weimarer Republik beginnt Döblin sich zum jüdischen Erbe zu bekennen. Anfang 1928, in «Personalnachrichten für das Archiv der Akademie der Künste zu Berlin», in denen er die Frage nach seiner Religion mit *keine* beantworten kann, wird als post scriptum zum kurzen Lebenslauf die Formel gefunden, die seither mit Bezug auf seine jüdische Herkunft mehrfach verwandt wird und deren Wortlaut geradezu den langen Vorgang der Verdrängung dieser Tatsache hervorhebt: *Ich will nicht vergessen: ich stamme von jüdischen Eltern.*[14] Der offene Terror des frühen faschistischen Antisemitismus wurde für Döblin der Anlaß, aus der Reserve seiner *Assimilation nach beiden Seiten* herauszutreten, sich nicht nur als Jude zu bekennen, sondern auch an der Bewältigung der jüdischen Probleme öffentlich mitzuarbeiten.

Die Selbstdarstellung, die Döblin zum August 1928, seinem 50. Geburtstag, verfaßte, wirft nach diesen Jahren der Arbeit an der Bewältigung seiner Probleme das schärfste Licht auf den Grundkonflikt seiner Jugend. Er schildert da die Behandlung, die der preußische Schulrat, der Königliche Kommissar, ihm als Abiturienten zuteil werden ließ. Die Schilderung wird zu einem Resümee aller Erniedrigungen, die der Knabe und der Heranwachsende an preußischen Schulen zu erdulden hatte. *Die Vorkonferenz mit dem Schulrat dauert sehr lange. Dann läßt man uns hinein. Und sogleich werde ich vorgerufen. Die Lehrer saßen da an einem Tisch. In der Mitte des Tischs der Schulrat . . . Er schwenkte über mich eine Fahne, die ich kannte . . . Er mußte seine Wut an mir auslassen, er mußte mich moralisch ohrfeigen, er auch, weil er hörte, daß ich nicht von seiner staatlich konzessionierten Art war.* Das war 1900 in Berlin. Döblin war ein junger Mann von 22 Jahren. Er stand vor diesem arischen Herrenmenschen und *zitterte physisch.*

Seinen Wunsch, sich nach «oben» zu assimilieren, hat auch dieses Erlebnis nicht vermindert. In der physiologischen Beschreibung seiner selbst in jenem *Ersten Rückblick* von 1928 kennzeichnet er seine *Nase* als *charakteristisch stark, auch lang,* sie läge *im Profil in einer Linie mit der zurückfliehenden Stirn.* Sie sei *vorn abgebogen, die eines Juden.* Aber Döblin beeilt sich, korrigierend hinzuzufügen: *Ethnologisch ist er kein reiner Typus, es liegen nordische Akklimatisationseinflüsse vor, erkenntlich an dem Langschädel, der graublauen Augenfarbe und der Farbe der Kopfhaare, die angeblich in der Jugend flachsblond war und erst später nachdunkelte.*

Der zweite grundlegende Widerspruch, der Döblins Jugend erschüttert hat, war der Zerfall der elterlichen Ehe. Das bedeutete den Zusammenbruch der patriarchalischen Ideologie und damit des einzigen festen Haltes, der im kleinbürgerlichen Milieu, im erfolglosen Kampf des Vaters um wirtschaftlichen Aufstieg hatte aufrechterhalten werden können. Döblin hat diesen Hergang in seinem *Ersten Rückblick* mehrmals mit verschiedenen analytischen Mitteln gedeutet. Und wenn er auch gerade den offenbar werdenden Ideologiezerfall, den dieser Ehebruch im Sohn auslösen mußte, n i c h t in seine Deutungen einbezogen hat, so kann es doch nicht als Zufall angesehen werden, daß an zentraler Stelle gegen den Vater Vorwürfe streng alttestamentarischen Charakters erhoben werden und seine Flucht ihm als *Sünde* angelastet wird.

Die Sache war die, daß Max Döblin, zweiundvierzigjährig, nach *jahrelangen Streitigkeiten zwischen Mann und Frau*, mit einer zwanzig Jahre jüngeren Angestellten aus seiner Zuschneidestube auf und davon lief. Die von Max Döblins Eltern vermittelte oder erzwungene Heirat hatte zwei völlig verschiedene Charaktere zusammengebracht. Der Vater mit seinen vielseitigen, aber dilettantisch ausgeübten Begabungen, *ein triebhaftes Wesen, ohne allen Ehrgeiz*, stieß in Sophie Freudenheim auf eine wahrhafte Gegnerin. *In dem Mann, ja ich seh ihn noch vor mir, war etwas Weichliches, Schlaffes, Schwächliches und Ruhendes. Er lebte so hin mit seinen Gaben . . . Ein Windhund, nehmt alles nur in allem.* Ein Bohèmien des Kleinbürgertums, während die Mutter sich als die Arrivierte dieser Schicht empfinden konnte. *Meine Mutter hatte nicht viel Respekt vor ihm. Sie nannte ihn: «gebildeter Hausknecht». Ein böses Wort. Ein schlimmes Kapitel, dieser Kaufmanns- und Geldstolz in der Familie meiner Mutter. Das waren alles sehr lebhafte, aktive, praktische Leute, Verdiener und einige auch*

Genießer. Was darüber lag, war unbekannt! Nein, nicht bloß unbekannt, sondern lächerlich! Döblin selbst sah sich bis zum Tod seiner Mutter mit deren *Hohn, Borniertheit* und *bitterer anmaßenden Härte* gegenüber seiner Schriftstellerei konfrontiert und hat *unter diesem häuslichen Druck* seine literarische Laufbahn nach der berühmten Formel vom «Künstler mit schlechtem Gewissen» angetreten. Unter dem Eindruck jedoch des tiefen Zwiespalts zwischen den Eltern, war er noch als Fünfzigjähriger geneigt, seine literarischen Anfänge nicht durch diese fürs Fin de siècle weithin gültige Formel zu erklären, sondern gut alttestamentarisch als Fluch, den die *Sünde* des Vaters auf den Sohn gelegt habe.

Der endgültige Ehebruch des Vaters geschah im Jahre 1888. Döblin erlebte ihn als Zehnjähriger. Max Döblin ließ seine Frau mit vier Söhnen, Ludwig, Hugo, Alfred und Kurt, und einer Tochter, Meta, mittellos zurück. *Es gab ein Tohuwabohu bei uns in Stettin . . . an den hinterlassenen Schulden hatte meine Mutter noch viele Jahre abzuzahlen. Wir Kinder natürlich sofort aus den höheren Schulen genommen und provisorisch zu einer kleinen Privatlehrerin geschickt.* Und welchen Schluß zog Döblin aus diesem Familienbankrott? Den, daß in diesem Einzelfall etwas wesentlich Allgemeines enthalten sei: *Das ist das Leben. Rette sich, wer kann.* Damit finden wir die kleinbürgerlichen Lebensweisheiten der Mutter, aber auch die Revolte des Vaters gegen den patriarchalischen Zwang in eine spezifisch anarchische Essenz gebracht, von der für Döblin zeitlebens Vorstellungsimpulse ausgehen.

Max Döblin floh mit dem *Nähfräulein* Henriette Zander über Hamburg nach New York. Eine typische Fluchtbewegung des kleinen Mittelstandes im letzten Drittel des 19. Jahrhunderts und für Max Döblin die Fortsetzung seines Aufbruchs von Posen nach Stettin. Er besaß ja Phantasie: Er konnte sich auch lange nach dem gold rush noch als Finder des größten nuggets sehen, und die Geschichten von den Tellerwäschern, die Millionäre geworden waren, waren bereits im Umlauf. Daß jüdische Bankiers von der New Yorker Börse ausgeschlossen waren und also nie Großbankiers werden konnten, mochte er nicht wissen. Dem sei, wie ihm sei; ehe ihn der Bauch von New York aufgerieben hatte, reiste er wieder ab. Er kehrte mit Henriette nach Europa zurück *und hat mit dem Mädchen bis an sein Lebensende zusammen in Hamburg gelebt.*

Die Verbindung zu seiner Familie riß nie ganz ab. Ja, etwa zwei Jahre nach seiner Flucht ist Sophie Döblin mit ihren Kindern der Aufforderung ihres Mannes gefolgt, nach Hamburg zu kommen – *er hatte geschworen, es sei nun alles aus mit dem Mädchen. Der Eid hielt kein halbes Jahr.* Noch im hohen Alter erinnerte sich Döblin dieser Episode: *¹/₂ Jahr etwa waren wir, d. h. meine Mutter mit uns 5 Ge-*

New York, Hester Street um 1890

schwistern, da ... Nach ½ Jahr Rückkehr nach Berlin; mein Vater (mit seiner jungen Geliebten) blieb. (An Hans Henny Jahnn, 2. November 1953) Also ein neuer Sturz aus einer Hoffnung ins Verzagen. Danach erfolgten noch Besuche des Vaters in Berlin, *gelegentliche* Besuche des ältesten Sohnes in Hamburg. Eine Versöhnung wurde zwischen Max und Sophie Döblin nicht erreicht. In die Scheidung willigte sie erst zwanzig Jahre nach der Trennung ein, als sie *um 1908* einen *großen Betrag von einem ihrer Brüder* geerbt hatte.

Döblin wie seine Geschwister standen in dem Ehestreit und nach der Trennung der Eltern auf seiten der Mutter. *Wir hielten alle zur Mutter.* Dennoch hat Döblin, als er in seinem *Ersten Rückblick zum dritten Mal!* ansetzte, sich die *Katastrophe* klarzumachen, wenigstens andeutungsweise die soziologischen Bedingungen erkannt, die das Leben des Vaters geprägt haben. *Sein Vater hatte ihn zwingen wollen, etwas Falsches zu werden. Resultat: Desertion, der Mann um sein halbes Leben betrogen, seine Familie Bettler.* Aber eine soziologische Analyse muß ihren Rahmen über das individuelle und Familienmilieu hinaus weiter spannen. Und das tat Döblin, indem er in diesem dritten Ansatz, zaghaft und mit nur wenigen Sätzen, die Herkunft der Eltern aus dem unterdrückten Ostjudentum als Grund ihrer Lebensschick-

18

sale und Charaktere aufdeckte. Die *praktische* Härte der Mutter erscheint ihm in diesem Licht als *ganz ein Charakterzug der Menschen, die aus kleinen Verhältnissen in das Reich kamen und Geld verdienen mußten.* Die Begabungen des Vaters sieht er nun als den Ausdruck dessen, *was ich später in Polen bei den Juden traf und was mich da so sehr tief erfreute, die Ehrfurcht vor dem Buch, die Ehrfurcht vor dem Geist.* Da sich jedoch die Intellektualität des Vaters aus allen transzendenten Bezügen löste und in künstlerische Betätigung überging, spricht Döblin von den *verschütteten Gaben* des Ostjudentums, die sein Vater *mit sich getragen* habe. Er erreicht hier die tiefste Einsicht in die Ursachen der Gebrochenheit und Entfremdung, die den Lebensweg des Vaters zeichneten: *Er war – ethnologisch – das Opfer der Umsiedlung. Alle seine Werte waren umgewertet und entwertet.*

Erst so, als *Opfer*, kann Döblin seinen Vater entschuldigen. Das ist eine Deutung, die in Döblins Werk stets dann wiederkehrt, wenn er einen Außenseiter zur Hauptfigur seiner Romane macht und aus

Zuschneide-Stube in der Division Street, New York

dessen negativen gesellschaftlichen Erfahrungen ein Resultat zu ziehen sich bemüht. Im Hinblick auf seinen Vater hat ihm diese soziologische Analyse zum besseren Verständnis geholfen, ja, bis zu einer gewissen Sympathie mit dem *Entwurzelten* gelangen lassen. *Der Mann hat sich wohlgefühlt in Hamburg in seiner Armut und Kümmerlichkeit.* Mit seiner Geliebten wohnte er *zusammen in einem armen Stadtteil, proletarisch in sauberen Räumen.* Döblin hat diese *proletarische* Existenz im gleichen Zusammenhang *deklassiert* genannt. Wenn sie es war, dann war sie es im Sinn der typischen Entwicklung des Kleinbürgertums, die Marx und Engels in der Mitte des Jahrhunderts für Deutschland festgestellt haben: «Seine Zwischenstellung zwischen der Klasse der größeren Kapitalisten, Kaufleute und Industriellen, der eigentlichen Bourgeoisie, und dem Proletariat oder der Arbeiterklasse ist für seinen Charakter bestimmend. Es strebt nach der Stellung der Bourgeoisie, aber das geringste Mißgeschick schleudert die Angehörigen des Kleinbürgertums in die Reihen des Proletariats.» («Deutschland bei Ausbruch der Revolution», 1851)

Diese Konsequenzen sind von Döblin nicht weiter bedacht worden. Er hat sich nach dem kurzen Ausflug in die Soziologie darauf beschränkt, den Bruch im Leben seines Vaters sozusagen medizinisch-wertfrei als *die Krise in seinem Leben* darzustellen, eine *Krise*, aus der sich abstrakterweise ein *Gefühl des neuen Daseins, der Freiheit* entwickele. (Genau so ist dies Erlebnis in Döblins erstem Gesellschaftsroman mit zeitgenössischer Thematik eingegangen, in *Wadzeks Kampf mit der Dampfturbine.*)

Während der Mitte seines Lebens hat Döblin abermals die Folgen des Zerbrechens der elterlichen Ehe gestaltet in *Pardon wird nicht gegeben*, und sein letzter Roman *Hamlet oder Die lange Nacht nimmt ein Ende* geht von diesem Thema noch ein letztes Mal aus. Stets aber, wie immer auch die Problematik modifiziert wird, ist die Basis ihrer Gestaltung «dieses ewige Hin- und Hergerissensein zwischen der Hoffnung ... und der Furcht», das Marx und Engels dem Daseinsverständnis des Kleinbürgers zugeschrieben haben. Döblins abschließende Erinnerung an die Jugendjahre in Stettin zeigt ihn uns niedergedrückt vom bourgeoisen Sittenkodex, jener *Wahnidee des Bürgertums,* daß die Familie Alles sei: *Zuletzt nach der Familienkatastrophe gehe ich an der Hand meiner Mutter die Linden entlang, ich schäme mich, ich denke, alle Leute sehen es uns an.*[15]

Dann folgte die Abreise nach Berlin.

An preußischen Gymnasien

«Kein Bankier und kein Monarch war an der Macht stärker beteiligt, an der Erhaltung des Bestehenden mehr interessiert als Unrat . . . er warnte vor der unseligen Sucht des modernen Geistes, an den Grundlagen zu rütteln. Er wollte sie stark: eine einflußreiche Kirche, einen handfesten Säbel, strikten Gehorsam und starre Sitten.»
Heinrich Mann: «Professor Unrat» (1905)

In den folgenden dreizehn Jahren bis zu seinem Abitur erlebte Döblin das, was er das *Schicksal der entwurzelten Familie* im *Ersten Rückblick* genannt hat. Es war aber, ökonomisch gesehen, das typische Schicksal der Kleinbourgeoisie, der seine Familie in allen ihren Zweigen zugehörte. Etwa im selben Jahr, als Sophie Döblin mit ihren fünf Kindern nach Berlin zog, hat Friedrich Engels eine Systematisierung der deutschen Klassengesellschaft seit der Reichsgründung entworfen und in ihr der Gruppe der Kleinbourgeoisie eine so tiefdringende Analyse gewidmet, wie sie Döblins eigenen Einsichten nicht zugänglich geworden ist. Die Analyse umfaßt die Entwicklungsmöglichkeiten, die sich dem jungen Döblin eröffneten und die wir zu verfolgen haben: «Mit der Ausdehnung der großen Industrie verlor die Existenz der gesamten Kleinbürgerschaft den letzten Rest von Stabilität; Erwerbswechsel und periodischer Bankerott wurden die Regel. Diese früher so stabile Klasse, die die Kerntruppe des deutschen Philisteriums gewesen, sank aus der früheren Zufriedenheit, Zahmheit, Knechts- und Gottseligkeit und Ehrbarkeit hinab in wüste Zerfahrenheit und Mißvergnügen mit dem ihr von Gott beschiedenen Geschick. Die Reste des Handwerks schrien nach Wiederherstellung der Zunftprivilegien, von den andern wurde ein Teil sanft demokratisch-fortschrittlich, ein andrer näherte sich sogar der Sozialdemokratie und schloß sich stellenweise direkt der Arbeiterbewegung an.» («Die Rolle der Gesellschaft in der Geschichte») In seiner Herkunft aus dieser Klasse ist der dritte grundlegende Widerspruch begründet, der – nach Judentum und Zerfall der elterlichen Ehe – Döblins Verhältnis zur Gesellschaft bestimmt hat. Der Heranwachsende erfuhr diesen Widerspruch unter den Kontrasten, die in der jüngsten, mächtigsten, auf

Berlin, Ecke Friedrichstraße / Unter den Linden

den Siegen von «Blut und Eisen» und den gründerzeitlichen Triumphen von «Besitz und Bildung» hochwachsenden deutschen Metropole auf ihn einstürmten.

Berlin, Hauptstadt des Königreichs Preußen und des Deutschen Reiches, erste Residenzstadt des deutschen Kaisers und Königs von Preußen, war damals nach London und Paris die größte Stadt Europas. Man sprach von ihrem «jugendlichen Charakter» und meinte damit den Abbruch ihrer Altstadtreste und den seit 1870 einsetzenden Neuaufbau ihres Zentrums. Im Westen wurde das Reichstagsgebäude seit 1884 aufgeführt, und als es 1894 fertig war, begann man den Bau des Doms. Das alles war von dickem Prunk und prächtig. In den äußeren Vierteln aber, nach Norden, Osten und Süden zu, erhielten damals die Arbeitervorstädte ihr Gesicht, Mietskasernen mit vier und fünf Hinterhöfen, an monotonen Straßenzügen entlang. Diese Vorstädte nahmen den gewaltigen Zuzug der arbeitenden Bevölkerung auf, den Berlin nach der Reichsgründung erlebte. Als Döblin in Berlin anlangte, hatte die Stadt 1,5 Millionen Einwohner, um 1900 war die Zwei-Millionen-Grenze noch nicht erreicht, 1905 war sie weit überschritten, ja, das Gebiet des späteren Groß-Berlin umfaßte bereits an die drei Millionen.

Als Mittelpunkt der deutschen Industrie, des Handels, der Finanz mit der Hauptbörse Deutschlands, des deutschen und europäischen Verkehrs besaß Berlin bereits ein Netz von Stadt-, Ring- und Vorortbahnen, um den Berufsverkehr der Bevölkerung zu bewältigen. Die Stadtbahn war eines der jüngeren Wunder Berlins. Nicht die Ankunft auf dem Stettiner Bahnhof, die Döblin voller Angst und Spannung erlebte, nicht die Pferdebahn von dort ins Zentrum der Stadt, sondern die erste Fahrt auf der Stadtbahn war ihm das *Wunder* der *fremden großen Stadt*: *Wir setzten uns in einen Zug auf einem hellen Bahnhof. Der fuhr ab, durch die Nacht, fuhr ein paar Minuten, dann hielt er, und – wir waren wieder auf demselben Bahnhof. Ich glaubte mich zu irren. Aber das Spiel wiederholte sich zwei-, dreimal . . . Die Bahnhöfe sahen sich abends ähnlich in Berlin, besonders wenn man aus Stettin kommt. Wir waren von Friedrichstraße nach Jannowitzbrücke gefahren. Aber es war mir ein unvergeßbares Erlebnis . . .*[16]

Sie hatten den Bahnhof Alexanderplatz passiert und waren eine Stadtbahnstation östlich von ihm, Jannowitzbrücke, an ihrem Ziel: im Stralauer Viertel, wo sie in der Blumenstraße Wohnung nahmen. Schon während der Fahrt auf der Fernbahn war ihnen *unsere Gegend . . . sehr schlechtgemacht* worden, *da sind viele Fabriken und Rauch.*[17] In diesem älteren «äußeren Viertel», zwischen dem altstädtischen Kern Berlins und seinen Vororten im Osten, zwischen Schillingsbrücke und Landsberger Platz, blieb Döblin jahrelang wohnen: nach der Blumenstraße in der Landsberger Straße, nahe dem Friedrichshain, Marsiliusstraße, Grüner Weg, Wallnertheaterstraße, Markusstraße, Memeler Straße. Als er selbständig wurde, zog er einmal mehr nach Süden, gen Rixdorf, aber bald war er zurück in Berlin O und blieb dort bis in die allerletzten Jahre der Weimarer Republik. Er sei – so erinnert er sich im Alter – *lange Jahre durch die engen dunklen Straßen gegangen, über die Höfe und Hinterhöfe*, er sei *die Quergebäude hinaufgeklettert . . . Das schrecklichste Ding, das ich sah, heißt Wohnungsnot . . . Bis zu meinem vierzehnten Jahr habe ich selbst im Osten der Stadt, in einer fensterlosen Kammer, in einem Bett zusammen mit meinem jüngeren Bruder geschlafen . . .*[18]

Die wirtschaftliche Lage der Familie war so, daß an eine unmittelbare Fortsetzung der höheren Schulausbildung nicht zu denken war.

23

Der älteste Bruder Ludwig mußte seine Ausbildung abbrechen. *Er war echtes Kaufmannsgewächs mit dem Familiensinn der Mutter, der Musikneigung des Vaters. Er wurde der Ernährer der Familie, der zweite Vater. Er kam ins Geschäft zu den Holzonkels ... Auf ihn fiel die Hauptlast, die der entflohene Familiengründer abgeworfen hatte, und er trug sie brillant.*[19] Döblin ist ihm sein Leben lang für diese Unterstützung dankbar geblieben. Aber es ist dem kleinbürgerlichen Rechtssinn Döblins doch schwergefallen, diese Lage des «Ausgehalten»-Werdens durch Bruder und Verwandte hinzunehmen. Der Eindruck, *degradiert zu werden*[20], hat sich in ihm über Jahre hindurch festgesetzt. In dem Roman, der diese Phase seines Lebens schildert, *Pardon wird nicht gegeben*, wird dann sogar dieser Bruder in der Figur eines bourgeoisen Strebers und kalten Geschäftemachers verdammt. Immerhin wird sein Lebens- und Geschäftsgang im Roman motiviert durch die verzweifelte Geldgier der Mutter. Und da Döblin mit Auskünften über seine Berliner Jugendjahre zurückgehalten, seinen Roman *Pardon wird nicht gegeben* aber ausdrücklich als autobiographischen Roman deklariert hat und wir ferner in der Gestalt der Mutter dieselben Züge der Verzagtheit, *Härte* und *Borniertheit* wiederfinden, von denen Döblin berichtet hat, setzen wir aus dem Kapitel *Ankunft* einige Passagen hierher, die uns die *Unglücks*atmosphäre jener Phase des Neubeginns in Berlin erhellen: «*Geld, Geld. Die Stadt ist groß. Brauchst dich nicht zu genieren. Zugreifen. Ich weiß auch nicht.*» ... «*Ich denke, Mutter, es wird schon gehen. Wenn sie uns nicht ins Gefängnis bringen, find ich schon Arbeit, ich nehm alles an. Onkel wird doch ein bißchen geben?*» «*Nichts vom Onkel. Geld, Geld.*» *Sie sah den großen Burschen an aus ihren irren Augen, eine Ertrinkende, dann schluchzte sie, und dann war ihr Gesicht wieder ganz starr. Er hatte Angst, wie sie so leer vor sich hinblickte.*[21]

Solche Erfahrungen der nackten Existenz*angst* lassen es erklärlich erscheinen, daß Döblin der Aufbruch der Familie von Stettin nach Berlin zugleich als der Verlust der kindlichen Unschuld erschien. *Wir waren aus einem kleinen Paradiese vertrieben worden.*[22] Diese Deutung ist – nach all den *schrecklichen Szenen*, die er zu Hause erlebt hatte – reine Literatur. Sie ist ein Topos, entwickelt aus dem Triadenschema von Kindes-, Jünglings- und Mannesalter, das in der Antike den weltgeschichtlichen Erklärungen von der Aufeinanderfolge der goldenen, silbernen und eisernen Zeitalter zugrunde gelegt wurde. Seit Goethes «Werther» umschließt die Vorstellung von der Kindheit stets das Positive der unmittelbaren, unbewußten Einheit und Harmonie des Kindes mit seinen natürlichen Lebensumständen und damit zugleich das Negative der Entfremdung des Erwachsenen von seinen gesellschaftlichen Lebensbedingungen. Daher die Sehnsucht des erwachsenen Bürgers nach seiner Kindheit und die retro-

24

spektive Gewißheit der einst erfahrenen Harmonie, die er sich in späteren Jahren allein nur noch im Erlebnis der N a t u r reproduzieren kann. Schillers Karl Moor, Hölderlins Hyperion, Thomas Manns Kai Graf Mölln, Heinrich Manns Henri von Navarra, Ernst Glaesers Gaston («Jahrgang 1902»), Bechers Peter Friedjung («Levisite») sehen in ihrer Kindheit das Reich der Reinheit und Freiheit in der Natur, und sie sehen es immer vorgelagert dem und vernichtet durch den Eintritt in die Unfreiheit der Gesellschaft. So auch Döblin.

Mit Ausnahme des ältesten Bruders, der *als Lehrling ins Geschäft zu dem großen N. Israel in der Spandauer Straße* (*Doktor Döblin*) mußte, wurden Döblin und seine Geschwister auf Gemeindeschulen zunächst in der Blumenstraße, dann in der Höchste Straße, am Friedrichshain, geschickt. Auf ihnen blieb Döblin drei Jahre. Dann gelang es, ihm eine Freistelle am Köllnischen Gymnasium zu beschaffen. Er trat als Dreizehnjähriger dort 1891 abermals in die Sexta ein. Im nächsten Jahr begann er seine schriftstellerischen *Aufzeichnungen.*[23] Zu dieser Zeit war er *Erster* in der Klasse. *Dann also kam ich zur Quarta. Von da sank ich. Ich war erst noch ein leidlicher Schüler, dann wurde ich mittelmäßig, dann schwankte ich zwischen mittelmäßig und schlecht. Ich ging zur Schule, es war Dienst. So blieb ich bis zum Ende, bis zum Schreck des Abituriums.*[24] Das ist eine ganz gewöhnliche Geschichte, wie man sie – mit Einschluß zweimaligen Sitzenbleibens wegen Versagens in Mathematik – aus der Pubertät so vieler Begabten kennt. Denn eben in diesen Jahren des Versagens vor dem abgeforderten Pensum beginnt Döblin, seinen wachen Blick auf die großstädtische Umwelt zu richten. Wann immer er von seinem Erlebnis Berlins spricht, ist es die Elektrifizierung der Straßenbahnen, die er zunächst erwähnt. Sie wurde Anfang der neunziger Jahre begonnen. Sie erregte ihn geradezu. *Die Pferdebahnen gingen ein, über die Straßen wurden elektrische Drähte gezogen, die Stadt lag unter einem schwingenden, geladenen Netz . . . der Alexanderplatz veränderte sich, der Wittenbergplatz wurde anders; das wuchs, wuchs! Am Leipziger Platz der zauberhafte Wertheimbau, eine Straßenfront, wie belanglos ihr gegenüber das Herrenhaus . . . Am Schiffbauerdamm, in der Brunnenstraße, die AEG: eine Lust! Und weiter draußen in Tegel Borsig, und in Oberschöneweide noch einmal die AEG.* Das Resümee von allem: *Berlin ist wundervoll.*[25]

Der Prunk des Berliner Zentrums und des Westens hat Döblin nie interessiert. *Vierunddreißig Jahre laufe ich hier herum, immer neugierig, beobachtend, wie sich das bewegt und wie es sich ruckartig entwickelte . . . Die Kunst, die Bilder, Plastiken . . . waren mir nie interessant, dieses Schmachtende, Zahme, Preziöse, auch Aufgedonnerte . . . zum Ansehen, zum Delektieren. Ich bin nicht für Genuß.* «*Genießen macht gemein*»: *das ist beinah richtig . . .* («Vossische Zeitung», 16. April

Kaiser Wilhelm II.

1922) Im *Ersten Rückblick*, während er an seinem *Berlin Alexander-platz* arbeitete, hat Döblin diese endgültige Teilung der Stadt in zwei Hälften, die des Genusses, die der Arbeit, vollzogen: *. . . in dieser Gegend, hier im Osten Berlins, sitze ich nun schon, seit ich nach Berlin kam . . . Mir fällt ein: ich möchte hier manchmal weg, nach dem Westen. Es gibt da Bäume, der Zoo ist da, das Aquarium und dann gar der Botanische Garten mit den Treibhäusern, die dampfen – ah, das sind leckere Dinge.*[26]

Was aber drang außer diesem Erscheinungsbild Berlins an den jungen Döblin heran? Das Jahr seiner Ankunft in Berlin war das sogenannte Dreikaiserjahr 1888: Wilhelm I., den der Junge in Stettin gesehen hatte, starb; der zweite deutsche Kaiser starb bald hernach; Wilhelm II., der letzte deutsche Kaiser, trat seine Regierungszeit an. Die Regierungsgeschäfte führte Bismarck, und zwar nach der Auflösung des Reichstags 1887, gestützt auf die letzte der Kartell-Majoritäten, mit denen Bismarck seit mehr als zehn Jahren, seit dem Erlaß der Sozialistengesetze 1878, operiert hatte. Die wirtschaftlichen Interessen von Industrie und Landwirtschaft, die sich in diesen «Kartells» solidarisiert hatten, traten jetzt aus verschiedenen Gründen auseinander. Die neuen Wahlen zum Reichstag brachten im Februar 1890 eine linke Mehrheit ins Parlament. Nationalliberale, Freikonservative und das Zentrum waren zu einer Zusammenarbeit mit Bismarck nicht mehr bereit. Der junge Kaiser hatte sich zwischen den großen Interessengruppen für die jüngere, fortschrittliche, für eine expandierende Industrie mit weiten überseeischen Absatzgebieten entschieden. Sein Sprachrohr wurde der Alldeutsche Verband (gegründet 1891), der gegen Bismarcks «quieta non movere» seine imperialistischen, kolonialistischen Programme setzte. Engels (in einem Brief an August Bebel vom 17. Februar 1890) sah, daß Bismarcks «Allmacht zum Teufel» sei. Bismarcks Entlassung erfolgte am 20. März 1890.

Am 30. September wurde dessen «Sozialistengesetz» aufgehoben. Beide Ereignisse waren Folgen ein und derselben Entwicklung: wirtschaftlich der Entwicklung Deutschlands vom Agrarland zum ersten europäischen Industriestaat, sozialgeschichtlich des Anwachsens des Proletariats, das sich in seiner Partei unübersehbar zur zweitstärksten der deutschen politischen Parteien überhaupt organisiert hatte. Beiden Tendenzen war Bismarck nicht gerecht geworden. Auch die «Arbeitergesetze» Bismarcks, die Gesetze über Krankenversicherung 1883, Unfallversicherung 1884, Invaliditäts- und Altersversicherung 1889, hatten nicht das bewirkt, was der Kanzler durch sie bewirkt haben wollte: daß sie nämlich «auch den gemeinen Mann das Reich als eine wohltätige Einrichtung anzusehen lehren» würden.

Abgesehen also vom «Dreikaiserjahr» 1888 und dem auf es folgenden Personalwechsel an der Spitze des Reichs war es die Grundtendenz der geschichtlichen Entwicklung, die den jungen Döblin gerade in Berlin, der führenden Stadt der Arbeiterbewegung, berühren mußte. Daß er mitten in einer Phase stagnierenden Wachstums, einer Epoche allgemeiner Unzufriedenheit, die erst Mitte der neunziger Jahre durch einen starken Wirtschaftsaufschwung abgelöst wurde, nach Berlin gelangt war, mag dem Gymnasiast verborgen geblieben sein – er hat das erst später in *Pardon wird nicht gegeben* reflektiert. Das Grundproblem der Epoche jedoch, die «soziale Frage», ist Döblin in diesen Jahren durchaus klargeworden, und zwar nicht nur als fürsorglich zu lösende «Arbeiterfrage», auch nicht – wie dem Reichstag – als «Verfassungsfrage», sondern als Frage des Verhältnisses der gesellschaftlichen Klassen zueinander und damit als das Mandat des – später von Döblin verleugneten – Klassenkampfes. Das früheste erhaltene Manuskript des Achtzehnjährigen *Modern. Ein Bild aus der Gegenwart* gibt hierüber hinreichende Auskunft.

Döblin zeigt sich hier mit einigen Kategorien des Marxismus vertraut, sogar mit dessen grundlegender philosophischen Erkenntnis: «Es ist nicht das Bewußtsein der Menschen, das ihr Sein, sondern umgekehrt ihr gesellschaftliches Sein, das ihr Bewußtsein bestimmt.»

Theodor Fontane

(Marx, Vorrede, «Zur Kritik der politischen Ökonomie») Bei Döblin: *Sitte ist, was einem Gesellschaftszustande Bedürfnis ist.* Dies mit Bezug auf die Gesetze der bürgerlichen Ehe. Auch die Religion ist hier von ihm dem weiteren ideologischen Überbau menschlicher Gesellschaften zugeordnet: *Man sagt, die Religion ist die transcendentale Widerspiegelung des jeweiligen Gesellschaftszustandes. Wollen also die «Großen» des Staats, dem Volk soll Religion erhalten werden –, ich glaube, jeder kann weiterschließen.*[27] Er zeigt seine Kenntnis *Von der Wichtigkeit, der Bedeutung der geschäftlichen Funktionen,* wie er als Sohn eines Geschäftsinhabers es nennt, das heißt, seine Einsicht in den materiellen Faktor als Grundlage der Existenz, wenn er *vom furchtbaren Kampfe der Menschen um Erwerb, um Sein und Nichtsein* spricht. Beschlossen wird der theoretische Teil der Studie mit dem kommunistischen Programm, daß die Klassengegensätze dieser Gesellschaft durch den Klassenkampf zu überwinden und die Selbstverwirklichung der Menschen in ihrer Welt, der Welt der gesellschaftlichen Arbeit, zu erreichen sei:

Und die Hauptursache alles Übels, der Kapitalismus – auch er wird fallen – mit ihm Vieles andre . . . und eine neue Welt wird erblühen, schöner – besser als jetzt, eine Welt, in der Alle gleiche Arbeitspflicht haben, gleichen Genuß von der Arbeit und ohne Arbeit kein Genuß und keine Arbeit ohne Genuß, ja, die Arbeit sei selbst ein Genuß!!

Wir aber wollen kämpfen, diese Welt zu erringen, denn sie ist erringenswert! –

So etwas lernte man nicht an preußischen Gymnasien. Auch das gesellschaftliche Sonderproblem, im Rahmen von dessen Erörterung Döblin diese allgemeinen Sätze aufgestellt hatte, war nicht Lehrstoff an höheren Schulen: die sogenannte «Frauenfrage» – ihr gilt Döblins Studie *Modern*. Der Bourgeoisie konnte das Entstehen dieser «Frauenfrage» im 19. Jahrhundert nicht verborgen bleiben. Seit Kants berühmter Definition der Ehe als eines Kontraktes zwischen Mann und Frau «zum wechselseitigen Genusse der Geschlechtsorgane» hatten sich die Dinge auch auf diesem Sektor noch weiter partikularisiert, als es Kants – in dieser Hinsicht ganz mechanische – Rationalität wahrnehmen konnte. Die Ehe war zum Instrument der Akkumulation von Kapital geworden. Entfremdet von den beteiligten Personen und ihren seelischen Bedürfnissen gilt jetzt der bloße Zuwachs auf den Bankkonten durch günstige Heiratskontrakte als Inhalt der Geschlechterbeziehungen. So kann in England bereits Dickens den Bourgeois und Kapitalisten «a commodity» nennen, also die Person zu einer Ware verdinglichen. Fontane erfaßt so deutlich wie Dickens das Auseinanderfallen des Persönlichen unter den Gewichten des «Ponderablen» in Kapitalwert und Individualität und erkennt, daß der Bourgeoisie die letztere für sich selbst gar nichts wert ist. Er läßt den Haupttyp einer aus dem Kleinbürgertum arrivierten Bourgeoise durch einen Mann der Aufklärung und bürgerlich-demokratischen Bildung («wenn ich nicht Professor wäre, so würd' ich am Ende Sozialdemokrat») die Kritik zuteil werden, daß sie eine «gefährliche Person» sei, die «ein Herz für das ‹Höhere›» prätendiere, indessen nur «alles, was ins Gewicht fällt und Zins trägt» eigentlich schätze und ihren Sohn «für viel weniger als eine halbe Million» nicht verheiraten würde: «. . . die halbe Million mag herkommen, woher sie will.» («Frau Jenny Treibel», 1892) Es nimmt bei dieser kritischen Scharfsicht nicht wunder, daß Fontane über die Grundproblematik der bürgerlichen Ehe denn auch bereits zur eigentlichen «Frauenfrage», den Möglichkeiten der Emanzipation der Frau aus vereinseitigten ehelichen Verhältnissen, gelangt ist. Er hat die Mätressenwirtschaft verurteilt («Cécile», 1887) und den Ehebruch problematisiert («Effi Briest», 1895); er hat eine der bürgerlichen Lösungen der «Frauenfrage» des fin de siècle, die sogenannte «freie Liebe», als Möglichkeit behauptet («Irrungen, Wirrungen», 1888). Doch Probleme und Lösungen sind von Fontane stets in bürgerlich-aufgeklärtem Bewußtsein entworfen worden – so, daß die progressivste seiner Darstellungen, die gebildete, lehrende und freizügig ihren Partner wählende Frau eben mit der Begrenzung weiblicher Tätigkeit auf den Lehr- und Gouvernantenberuf die Programme der Aufklärung im 18. Jahrhundert in dieser Hinsicht nicht überschreitet.

Der achtzehnjährige Döblin hingegen griff die «Frauenfrage» auf einer höheren Stufe ihrer Entwicklung auf, indem er ihrer Behandlung die Erkenntnis der gesellschaftlichen Klassen zugrunde legte und so mit dem ihm schon so früh ganz eigenen kaustischen Witz die *Damenfrage* von der *Frauenfrage* schied.

Er schreibt über die Frauen des Proletariats und der *kleinen Beamten*, das heißt, des arbeitenden Kleinbürgertums, für die weder der Grad ihrer gesellschaftlichen Freiheit noch ihrer Bildung die erste Frage sein kann, sondern nur die des Gelderwerbs. Döblin spricht hier aus der eigenen Erfahrung seiner drei ersten Jahre in Berlin. *In frühester Jugend wird das Mädchen angehalten, zu verdienen, möglichst an Selbständigkeit zu denken. Bald soll sie sich selbst ernähren, denn die Eltern haben für sie nichts übrig. Gelernt wird auf der Gemeindeschule das Allernotwendigste. Für bessere Bildung fehlt Zeit – Geld.* Für Erwerb und Lohn aber sind die Zeiten schlecht. *Bei dem riesigen Angebot von Arbeitskräften ist man froh, überhaupt ein Unterkommen zu finden . . . So übernimmt sie für einen Hungerlohn jede, jede Arbeit.* Der Ausweg bleibt – *und das ist das Entsetzliche* – die *Prostitution*, zu der die Frauen durch Konkurrenz mit dem Mittelstand einerseits, durch die Industrialisierung Berlins andererseits getrieben würden.

Ein furchtbares Übel ist die Prostitution, kein notwendiges.
Sie ist die Folge des Kapitalismus.
Fort mit der Geldehe!
Und Döblin fordert mit August Bebel, *dem großen Frauenkenner*, die Frau dem Mann gleich zu stellen, *gleich im Recht, wie gleich in der Pflicht*; die Gesellschaft soll in der Frau *die gleich verpflichtete Gefährtin des Mannes* anerkennen; das bürgerliche Gesetz soll die Ehe als *Privatvertrag* gelten lassen, *in den sich keiner, weder Staat noch Kirche, einzumischen hat!!* Mit dem Schlagwort der Zeit: Döblin fordert *die freie Liebe.*

Die Progressivität der sozialistischen Perspektive in bezug auf die *Frauenfrage*, wie Döblin sie damals erreichte, wird dann deutlich, wenn man einen Blick auf die bourgeoisen Ehe- und Eherechtsvorstellungen wirft, die gerade in den neunziger Jahren mit dem Aufwand von Wahlkampagnen – und in derselben Absicht: den status quo ideologisch zu legitimieren – massenhaft publiziert wurden. Da taten sich Psychologen, Biologen, Mediziner, Juristen, ja Kunst- und Literarhistoriker zusammen (von Wilhelm Bölsche bis Otto Henne am Rhyn), um in «idealer Bestimmung der Ehe» die Polarisierung der Geschlechter zu verewigen. Daß Döblin im nächsten Jahrzehnt und während der ganzen ersten Phase seiner literarischen Produktivität tief in diese bourgeoisen Antinomien zu Ehe und Geschlechtlichkeit überhaupt hineingeriet, wird sich zeigen. Sie enthielten ja auch ausdrücklich das schärfste und vom jungen Döblin unmittelbar erfahrene Verdammungsurteil der Gesellschaft über seine Eltern und hatten jene *Scham* hervorgerufen, unter deren Last der Knabe die Heimatstadt verlassen hatte.

Sein Verständnis der Gesellschaft war als Gymnasiast bereits kritisch. In ihm sehen wir Döblins Gegensatz zum preußischen Gymnasium viel tiefer begründet, als in seinem Alter (stets drei Jahre älter als der Klassendurchschnitt) oder in seinem Haß gegen den Drill der Lehrer. Dem entzog er sich durch Renitenz. Aber wenn nicht schon sein Judentum, dann entfremdete seine Gesellschaftskritik ihn auch den Mitschülern. 1896 vergleicht er sie verächtlich mit den beschränkten *höheren Töchtern* der Bourgeoisie: es bestehe *zwischen ihnen und den Gymnasiasten kein großer Unterschied, die in den seltensten Fällen zu sehen verstehen oder sich um «solchen Unsinn»* – wie die Frauenfrage in der Gesellschaft – *garnicht kümmern. Haben sie doch noch soviel Zeit!*[28]

Was dann hat Döblin auf der Schule gelernt? Zu seinem 50. Geburtstag auf diese Zeit zurückblickend, hat Döblin eine vereinseitigte, haßerfüllte Tirade gegen die Schule und ihre Lehrer losgelassen, der ein historisches Verständnis des wilhelminisch-imperialistischen Schulbetriebs vollkommen mangelt. Tatsächlich sind die Schlagworte, unter denen er das Schulerlebnis beschreibt: *Preußengeschichte* und *Nietzsche, Sachlich sein, das ist Preußentum, Wir, das waren die Hohenzollern, der Hohenzollernstaat, für den ich mein Ich aufgeben sollte*[29], sämtlich durchaus aus der Vergangenheitskritik der zwanziger Jahre abgeleitet und den alten antiautoritären Affekten als Versatzstücke aufgesetzt worden. Denn weder konnte dem jungen Döblin Nietzsche auf der Schule bis zum Überdruß aufgedrängt worden sein (Nietzsche ist im Kaiserreich kein Gegenstand des Schulunterrichts gewesen) noch hatte der junge Assimilant dem Geschichtsunterricht widersprochen (denn auch mit sozialistischen Einschlägen in seinem Denken konnte ihn ja die preußisch-deutsche Geschichte als success story begeistern, so, daß er ihrem Studium seinen «sorgfältigen Fleiß» widmen konnte), und endlich war es gerade die *Sachlichkeit* der technischen Neuerungen im Jahrzehnt vor 1900 gewesen, die ihm in Berlin zum *unvergeßbaren Erlebnis* geworden war. Das ganze Kapitel dieser *Gespenstersonate* aus der Schulzeit umkleidet die Revolte und die Ängste des gymnasialen Außenseiters mit retrospektiv wahrgenommenen Gespenstern. In den Momenten der Erinnerung, die nicht von bloßem Affekt, der «Reproduktion des infantilen Schüler-Trotzes von einst» (Leo Kreutzer) diktiert sind, hat Döblin denn auch die Berliner Schule gegen *Süddeutsche Behäbigkeit und soge-nannte Freiheit* strikt verteidigt: *Man solle ihm nicht mit Süddeutsch-land kommen und Süddeutschland gegen sein Norddeutschland aus-spielen . . . Er sei Preuße.*

Als solcher hatte er gegen die Grundlinien des Unterrichts nichts einzuwenden. Ganz im Gegenteil sind ihm durch sie vielmehr die Ausgangspositionen seines Denkens vermittelt worden, an denen er sein Leben lang Korrekturen anzubringen versucht hat. Die dialek-tisch-materialistische Übung, die in jener Studie *Modern* außerhalb des Schulpensums vorgenommen worden war, blieb auch weiterhin ein Bezugspunkt, auf den sich zwar das traditionelle Denken Döblins richten konnte. Aber der dialektische Materialismus ist von Döblin nie weder zur erkenntnistheoretischen Grundlage noch zur ange-wandten Methode seines Philosophierens gemacht worden. Er blieb so außerhalb des Pensums, wie er schon am Anfang unter Anleitung Bebels einmal privatim benutzt worden war. Das Schulpensum hinge-gen verabreichte ihm nächst dem kanonischen «humanistischen» Bil-dungsgut den Positivismus der Naturwissenschaften und der rechts-staatlichen Gesellschaftslehren. Döblin hat das im Alter recht genau rekapituliert, einschließlich seiner Fügsamkeit gegen das, was er auf dem Gymnasium *erfuhr: Da waren die preußischen Lehrbeamten, die Professoren, und sie übermittelten die sogenannte humanistische Bil-dung, und dazu die preußische Staatsgesinnung. Zu ihr gehörte Diszi-plin und Fleiß. Man lernte viel auf dem Gymnasium . . . Man war jung, man nahm alles hin, es waren staatliche Lehren, die zu dem Gymna-sium gehörten und für seine Dauer ihre Gültigkeit hatten.*[30] (*Schick-salsreise*) Diese *Gültigkeit* reichte über die Schuljahre so weit hinaus, daß Studien- und erste Berufswahl durch sie bestimmt wurden. Denn beides, Medizin und Beamtentum, verband sich direkt mit den zwei Grundlinien, auf denen die Wissensvermittlung der Epoche offiziell aufbaute: *Die Welt verlief draußen als sichtbar, nachweisbar, bere-chenbar, ohne Gott, nach Naturgesetzen . . . Und die Geschichte verlief im Rahmen des Staates und der menschlichen Gesellschaft.*[31]

Dies waren und blieben die beiden Pole: Natur und Gesellschaft, an denen sich Döblins Denken entzündete. Und zwar in verschiede-nen Phasen in verschieden begründeten Widersprüchen. Seine Wi-dersprüche waren dabei stets motiviert durch die Weise, in der ihm beide Kategorien vorgestellt worden waren: Determinismus und Mo-nismus der Naturwissenschaften des 19. Jahrhunderts auf der einen, das positiv gesetzte Recht des imperialistischen Machtstaats und sei-ner Klassengesellschaft auf der anderen Seite. Die politische Revolte des Außenseiters gegen den Macht- und Klassenstaat hatte damals bereits begonnen. Die ängstliche Abwehr des Monismus setzte später ein. Auf beiden Gleisen des Denkens aber kollidierte Döblin stets mit

Friedrich Hölderlin.
Pastell von
Fr. K. Hiemer

demselben Faktor, dem der Kausalität oder – um ein beziehungsreicheres, die komplexen Vorgänge gesellschaftlicher Prozesse besser umgreifendes Wort zu wählen – dem der Gesetzlichkeit. Hier trifft er sich ganz mit jenem anderen, berühmteren Kleinbürger, mit dem er weite Sektoren seiner Erfahrungswelt teilt, mit Kafka.

In seiner Jugend hat Döblin versucht, sich mit dem Monismus zu versöhnen oder auch sich ihm zu beugen. Ein Autor aus der Lektüre am Gymnasium wurde für diese Bemühung sein Kronzeuge: Hölderlin. Die Natur erscheint in Hölderlins Pantheismus in der Diesseitigkeit «der ewig einigen Welt», deren materielle Gesetzmäßigkeit dem entfremdeten Individuum die «ewige mühelose Ordnung» als «Ruhe der Welt», als Auflösung des «Schmerzes der Einsamkeit» anbietet, die im Bürgerlich-Gesellschaftlichen – und hier auch in der historischen Wirklichkeit weder für Hölderlin noch für Döblin – nicht zu finden waren. Es ist dieser resignative Aspekt aus «Hyperion», der den jungen Döblin über Jahrzehnte hin auf das Allertiefste beeindruckt hat. Ja, das Resümee, das Hyperion aus seinen Erfahrungen zieht: «O hätt' ich doch nie gehandelt! Um wie manche Hoffnung wär'

33

ich reicher! – Ja, vergiß nur, daß es Menschen gibt, darbendes, angefochtenes, tausendfach geärgertes Herz! Und kehre wieder dahin, wo du ausgingst, in die Arme der Natur, der wandellosen, stillen und schönen», ist das Motto, unter dem Döblin seine ersten literarischen Arbeiten unternimmt.

Das *unerbittliche Naturgesetz* war schon von dem achtzehnjährigen Döblin in der Studie *Modern* berufen worden. Seine erste Hölderlin-Lektüre datiert Döblin auf das Jahr 1898. So waren monistische Vorstellungen der Kenntnis von Hölderlins Pantheismus vorangegangen. Es ist wahrscheinlich, daß die Bekanntschaft mit Schopenhauer dazwischenfiel, *in der Sekunda las ich Schopenhauer*[32], «Die Welt als Wille und Vorstellung». Wenn damals der subjektive Idealismus Schopenhauers auf Döblin keinen tieferen Einfluß gewann, so konnte er doch dessen pessimistisches Theorem von der unleidlichen Individuation des Menschen als Wiederholung der Resignation Hyperions aus der Gesellschaft, als eine andere Legitimation seines eigenen Außenseitertums ansehen. Und endlich fiel in diese Jahre die Lektüre Kleists. *In der Tertia die Begegnung mit Heinrich von Kleist, der «Prinz von Homburg», besonders aber das Fragment «Guiskard» und die «Penthesilea».*[33] Es ist schwierig, zu bestimmen, wie Döblin Kleist zunächst aufgenommen hat. Denn viel mehr als Hölderlin wurde Kleist im wilhelminischen Reich einer nationalistisch-chauvinistischen Deutung unterzogen. So mag er Kleist als den guten Preußen gelesen haben, als den ihn die Professoren vorstellten. Erst in den zwanziger Jahren, zur gleichen Zeit, da er Hölderlins spezifische Kritik an den Deutschen aus dem «Hyperion» aufnimmt, warnt er vor dem Mißbrauch Kleists zu nationalistischen Zwecken («Prager Tagblatt», 7. März 1923). Aber so wenig Döblin unter verschiedenen zeitgeschichtlichen Umständen je eine Neubewertung von Hölderlins Naturanschauung hat vornehmen müssen, so wenig hatte er Kleists Darstellung der menschlichen Natur, der Temperamente und Affekte umzubewerten. Er würdigte damals mehrere von Kleists Schauspielen unter dem Titel *Die Psychiatrie im Drama* («Prager Tagblatt», 13. Februar 1923) und konzentrierte seine Analyse auf das *neuropathische Motiv*, die Darstellung von *Traumzuständen*, von *Sadismus*, von *heißester Pathologie* im Werk Kleists. Diese psychologischen Züge waren es, die Döblin bereits als Schüler wahrnahm und durch die Kleist auf seine ersten literarischen Versuche Einfluß gewann. In die monistisch verstandene «ewig einige Welt», in die «wandellose, stille und schöne Natur» Hölderlins konnte so nicht nur der entfremdete Mensch als Einsamer, als «Fremdling» eintreten, sondern nach Kleists Vorbild hatte in ihr der Mensch auch als Zerrissener, pathologisch den Mißverständnissen seiner Gefühle Ausgelieferter seinen Platz. Zum «ehernen Schicksal» natürlicher Determiniertheit trat der

Herwarth Walden

gesetzlose Zufall. Der kleine Roman *Der schwarze Vorhang*, den Döblin als Medizinstudent schrieb, ist nicht nur voller motivischer Anklänge an Hölderlin und Kleist; sein Thema ist diese Problematik von Kausalität und Akzidenz.

Doch schon als Primaner hatte Döblin, angeregt von den beiden großen Vorbildern *in tiefster Heimlichkeit* zu schreiben begonnen und seinen ersten Roman vor dem Abitur beendet. Wir wissen von dieser ungedruckten Arbeit nur das, was uns Döblin über sie berichtet hat: *Der Roman ist «den Manen Hölderlins in Liebe und Verehrung gewidmet»* ... *Der Titel des Romans: «Jagende Rosse». Ein lyrischer Ich-Roman.* (*Stille Bewohner des Rollschrankes*) Aber schon dieser früheste *Entwicklungsgang* ist nicht mehr als eine Oszillation zwischen *Begierden* und *Askese, Leben* und *Selbstversenkung,* aus der *Verzweiflung, Resignation, schließlich tobsüchtige Krise* dem Patienten den *Durchbruch zum offenen Leben* bringen. Ein umgekehrter kleiner Hyperion? Mit einer Kleistschen Katharsis der Gefühle? Man kann sich, nach allem, was im ersten Schaffensjahrzehnt folgt, die

35

Heinrich von Kleist. Miniatur von Franz Krüger, 1801

Sache nicht epigonal genug vorstellen. Die *jagenden Rosse* stehen als Naturmetapher für die *Gedanken, die schweifen, jagen, vergehen, sind wieder da.* Der *seelische Entwicklungsgang* spiegelt schon hier den Rückzug des Außenseiters in die welt- und gesellschaftslose Innerlichkeit.

Döblins Zuhause förderte seine literarischen Neigungen nicht. So blieb das alte Köllnische Gymnasium die vermittelnde Instanz zu den Quellen einer traditionellen Bildung. Die frühen Leseerlebnisse Döblins zeigen keinerlei Eigenständigkeit in der Auswahl, so wenig wie seine ersten literarischen Versuche. Tatsächlich haben wir ihn uns «in seiner literarischen Entwicklung leicht retardiert vorzustellen» (Matthias Prangel). Auch das Musizieren im *wohlhabenden* Elternhaus des Schulfreundes und späteren Juristen Kurt Neimann (Döblin hatte in

Stettin Klavierunterricht durch seinen Vater erhalten) folgte dem Geschmackskanon der Zeit, mit Brahms, Wagner und Hugo Wolf, später Haydn und Mozart. Durch Neimann lernte Döblin Herwarth Walden kennen, mit dem er über anderthalb Jahrzehnte eine fruchtbare Freundschaft unterhielt. Durch Walden wurde Döblin in einen gewissen literarischen Zirkel Berlins, nämlich den bohèmehaft-außenseiterischen eingeführt, und in Waldens Zeitschriften begann Döblin, seine eigenen Arbeiten zu veröffentlichen. Dies alles wurde zu positiven Resultaten der Umsiedlung nach Berlin.

Studium – «Herr Dokter»

«Das ist der Gewinn, den uns Erfahrung gibt, daß wir nichts Treffliches uns denken, ohne sein ungestaltes Gegenteil.»
Hölderlin: «Hyperion oder der Eremit in Griechenland» (1797)

Döblin hatte im September 1900 sein Abitur hinter sich gebracht, nicht ohne *beim letzten Verlassen der Schule dort auf den Boden gespuckt*[34] zu haben. Am 17. Oktober 1900 immatrikulierte er sich an der Friedrich-Wilhelms-Universität, Berlin, und zwar für die Fächer Medizin und Philosophie. Seine Briefe zeichnet der junge ehrgeizige Mann bis ins dritte Jahr der Studien als *cand. med. et phil.*, und in der diesen Jahren nächstliegenden, ersten und sachlichsten autobiographischen Auskunft, die Döblin 1917 dem Lexikographen Franz Brümmer einsandte, gibt er an: *1901–1905 Studium, wesentlich Medizin, auch Philosophie, in Berlin; die letzte Zeit in Freiburg i.B.; dort Approbation als Arzt und medizinisches Doktorexamen* (10. Oktober 1917). Die *philosophische Beschäftigung* und *literarische Tätigkeit* sei allerdings während der Jahre bis 1911 *hinter der konkurrierenden andern*, der *medizinisch-klinischen und wissenschaftlichen Arbeit* zurückgetreten. Diese Auskunft widerspricht der Aussage des alten Döblin, daß er einzig und allein das Studium der Medizin deshalb aufgenommen habe: *Weil ich Wahrheit wollte, die aber nicht durch Begriffe gelaufen und hierbei verdünnt und zerfasert war. Ich wollte keine bloße Philosophie und noch weniger den lieben Augenschein der Kunst.*[35] (*Schicksalsreise*) Wir werden im Gegenteil sehen, wie Döblin sich in diesem Jahrzehnt die Instrumente seiner *Wahrheits*suche zunächst aus belletristischen Mitteln zurechtbaut, einige erkenntnistheoretische Versuche unternimmt, das Verhältnis von Wirklichkeit und geistig-künstlerischer Tätigkeit durch eine Ästhetik der Musik sich zu klären versucht.

In den ersten drei Jahren seines Studiums ist von Wirkungen der Naturwissenschaften oder der Philosophie, wie sie in Berlin gelehrt wurden, in Döblins Arbeiten nur wenig zu finden. Er setzte mit Prosastücken die pubertäre Introspektion fort, die er mit *Jagende Rosse* als Primaner begonnen hatte. *Erwachen*, in verschiedenen Fas-

Aus dem Manuskript «Erwachen»

sungen zwischen Februar und September 1901 mehrfach niederge-
schrieben, ist in der Verehrung insbesondere des – wertfrei und
ungesellschaftlich gedachten – *lachenden, süßen und großen Lebens*
unter dem Einfluß der ersten Nietzsche-Lektüre entstanden. Eine
erste Ausgabe aus Bruchstücken von Nietzsches Nachlaß der achtzi-
ger Jahre, der sogenannte «Wille zur Macht», war soeben mit dem
noch bescheidenen Untertitel «Studien und Fragmente» erschienen.
Döblin begann, die früheren moralkritisch-kulturpsychologischen
Schriften Nietzsches im Lichte des Nachlaßwerks sofort kritisch zu
lesen und seine Kritik auch aufzuzeichnen. Er erkannte recht genau,
daß Nietzsche auf zwei unvermittelten Ebenen argumentierte, daß die
psychologisierende, aber doch von konkreten Erscheinungen ausge-
hende Zeit- und Kulturkritik durch ein Programm durchaus ahistori-
scher Postulate ergänzt wurde; daß also Nietzsches gescheiter Symp-
tomkritik ein bestandsloses *System der Lehre* übergeworfen war.
(*Zu Nietzsches Morallehre*) Dieses «*System*» sah Döblin auseinanderfallen in *Agnostizismus* und *Mystizismus*, in Empirie und Metaphysik.
(*Der Wille zur Macht als Erkenntnis bei Friedrich Nietzsche*) Schon
hier verneint Döblin die Möglichkeit, durch induktive Schlüsse aus
dem empirischen Bereich in einen systematischen gelangen zu
können.

Aus seiner Kritik ergab sich für Döblin die Abweisung des Nietz-
schesschen antidemokratischen, antisozialistischen Programms, jenes
Ideologems vom Übermenschen und seiner Züchtung, in dem Nietzsches aggressive Apologie des Kapitalismus gipfelt. Döblin erreichte
diese Ablehnung durch formale Ableitungen, nicht durch eine direkte
Kritik von Nietzsches Gesellschaftslehre. Es scheint, daß wir in dieser
Methode Anleitungen befolgt finden, die Döblin durch Adolf Lasson
vermittelt wurden. Lasson, seit 1897 Professor der Philosophie an der
Berliner Universität, und nicht nur Hegelianer, sondern auch Über-
setzer des Aristoteles, hat Döblin, der seine Vorlesungen hörte, die
Bedeutung der aristotelischen Logik als dem formalen Mittel des
Erkennens klargemacht. In den Jahren 1902/03, als Döblin Nietzsche
kritisierte, verfaßte er gleichzeitig seinen zweiten Roman, dem er den
«philosophischen» Titel *Roman von den Worten und Zufällen* gab.
Der Titel wurde von Interpreten bisher entweder nicht beachtet oder
als unverständlich beiseite geschoben. Im Bezug auf Aristoteles hingegen wird er verständlich als Umschreibung eines erkenntnistheoretischen Problems semantischer Natur, das die Schlüssigkeit des Erkennens dadurch in Frage stellt, daß es das Wort als Zeichen für die
Dinge auffaßt. Dieser Zeichencharakter der Sprache wie der Töne (in
der Musik) hat Döblin damals intensiv beschäftigt.

Ende Oktober 1903 sandte der *cand. med. et phil.* das ausführ-
lichste Zeugnis der literarisch-philosophischen Arbeit dieser Jahre an

Fritz Mauthner. Mauthner war damals Feuilletonredakteur und Theaterkritiker des «Berliner Tageblatts». Er hatte sich als Mitbegründer der Freien Bühne 1889 dem Naturalismus zugewandt und war 1894 dem antisozialdemokratischen Berliner Naturalistenclub der Neuen Freien Volksbühne mit Wilhelm Bölsche, Otto Erich Hartleben, Bruno Wille und anderen beigetreten. In seinen jüngsten Veröffentlichungen bekannte sich Mauthner in seinen «Beiträgen zu einer Kritik der Sprache» (1901/02) zu einer «agnostischen Mystik», der die Begrifflichkeit des Positivismus nicht mehr bedeutete als «Mythologien über die Wortfetische: Masse, Bewegung, Stoff, Atom». Das war Döblins Mann. Denn in derselben Frontstellung gegen den Positivismus begann sich sein Denken während der Studienzeit zu befestigen. So wandte sich Döblin an den Kritiker in vorausgenommenem Einverständnis, daß er ihm gern *einen Roman «Worte und Zufälle» zur Beurteilung* vorlegen würde: *Vielleicht daß den Sprachkritiker eine Arbeit interessiert, die den Widerspruch zwi-*

Friedrich Nietzsche

schen dem durchschauten Blendwerk eines Wortes, – «Liebe» –, und der verführenden Kräfte zum Gegenstand hat, welche es auf den metaphysisch versessenen Helden übt. (24. Oktober 1903) Über Mauthners Reaktion wissen wir nichts.

Worum ging es in diesem Erstling? Die psychologische Seite der Sache ist kurz zu fassen: Dem Helden, Johannes, wird die Geschlechtlichkeit seiner Adoleszenz zum einzigen und unlösbaren Problem. Seine Eltern haben ihn mit denselben Komplexen belastet und mit derselben sexuellen Unaufgeklärtheit in die Welt geschickt, wie Döblin es für seine eigene Adoleszenz angenommen und in *Doktor Döblin* skizziert hat. Der autobiographische Bezug tritt hier in so starker Fixierung hervor, daß die Beschreibung des Helden als Versuch einer laienhaften Selbstanalyse anzusehen ist. Komplexbindungen an die Eltern, die sexuelle Latenzperiode des Kindes, die vorübergehende Dominanz des Grausamkeitstriebs, eine jugendliche Inversion, die Bindung der Libido an Objekte, endlich die blöden Versuche heterosexueller Konsumtion der Liebe – das alles sind Stadien, die Sigmund Freuds Sexualtheorie klassifiziert und die hier von Döblin als Studien zu einem bürgerlichen «Normal»-fall und in diesem Sinn tatsächlich zur *Geschichte des Liebestriebes eines Menschen* (an Axel Juncker, 9. April 1904) zusammengestellt sind. Das sich aus diesem Normalen entwickelnde *sexuell Pathologische,* der Lustmord, den Johannes an seiner Irene schließlich verübt, mag dann einerseits von Psychologen dem Abnormen und der Sexualpathologie zugerechnet werden; dem Psychoanalytiker mag dieser Schluß fernerhin die Laienhaftigkeit von Döblins Selbstanalyse anzeigen, die eben darin besteht, daß die Studie des eigenen Falles nach durchaus spezifischem Eingang in die generellen Stadien gemäß Lehrbuch übergeführt und schließlich mit einem von außen herangeholten Klischee abgedeckt wird.

Dem Literarhistoriker andererseits erscheint dieses Klischee viel weniger pathologischen als historischen Inhalts: Der Lustmord ist sozusagen die literarische Erfindung des Marquis de Sade, der sich, als nur einer unter vielen Aristokraten des 18. Jahrhunderts, den Sex zur ausschließlichen Freizeitbeschäftigung gewählt hatte. Die Bourgeoisie übernahm seine Erholungs- und Unterhaltungsvorschriften erst, als sie sich voll kapitalistisch organisiert und die Aufteilung der Lebenssphären in Markt- und Absatzgebiete mit den dazugehörigen Markenartikeln durchgeführt hatte.

Die oberflächliche Montage von Motiven, die Döblin im *Schwarzen Vorhang* benutzte, zeigt deutlich die Abhängigkeit von literarischen Modellen, die ihrerseits die Tradition der Mann/Weib-Polarisierung begründeten: Johannes vergleicht sich mit Faust und sieht in der gefallenen Irene Lilith verkörpert, er beißt ihr zum tödlichen

Schluß in den Hals wie die Kleistsche Penthesilea dem Achill. Johannes imaginiert sich die Selbstbefreiung in einer *Tat*, und diese *Tat* wird halbwegs wie bei Dostojevskijs Raskolnikov der Mord; der «Haß» der Geschlechter aufeinander, ihr «Kampf» war Thema von Strindbergs «Totentanz» (1901); der Sexualmord an einer zur Dirne Erniedrigten ist endlich thematisiert in Wedekinds «Büchse der Pandora» (1902). Nietzsche hatte die sich im 19. Jahrhundert herausbildende Polarisierung der Geschlechter lediglich zu rekapitulieren. Aus Dostojevskijs «Raskolnikov» hat er sich dazu für seinen Sozialdarwinismus den «Verbrecher-Typus» als Spitzenprodukt der Gesellschaft hergeleitet und in seiner physiologischen Deutung dieses Typs eine Mechanik aufgedeckt, die zum Muster für Döblins Figurenzeichnung im *Schwarzen Vorhang* geworden ist: «Der Verbrecher-Typus, das ist der Typus des starken Menschen unter ungünstigen Bedingungen, ein krankgemachter starker Mensch . . . und weil er immer nur Gefahr, Verfolgung, Verhängnis von seinen Instinkten her erntet, verkehrt sich auch sein Gefühl gegen diese Instinkte – er fühlt sie fatalistisch.» («Götzendämmerung», 1889) Das tun auch Johannes und Irene. Ihre richtungslose Flucht vor einem alles umgreifenden Fatalismus, schließlich ihre Beugung unter ihn, das gerade ist – nächst dem psychologischen Hergang – der Inhalt der *metaphysischen Versessenheit*, die Döblin gegenüber Mauthner erwähnt hatte. Richtiger und nüchterner hatte Döblin die gehaltliche Problematik des Romans für den Verleger zusammengefaßt: *. . . wirklich ist und lebt nur das Einzelne, Zusammenhanglose, der «Zufall», das Einsame, das vernichtend auf andere Einsame übergreift.* (An Axel Juncker, 9. April 1904)

Die Äußerung bezeichnet sehr genau die Einschränkungen und Verkürzungen, die Döblin an den stofflichen und gedanklichen Anregungen vornahm, die ihm die Werke Kleists, Schopenhauers, Dostojevskijs, Strindbergs, Wedekinds und Nietzsches für seine Arbeit gegeben hatten. Denn wenn die Autoren des 19. Jahrhunderts stets den allgemein gesellschaftlichen Bezug, ja auch die Geschichtlichkeit ihrer gesellschaftskritischen Anliegen jeweils mitbedachten, so findet sich Döblin zu Beginn seiner dichterischen Tätigkeit den objektiven Kräften der Gesellschaft und Geschichte derart entfremdet, daß ihm nur der Rückzug in *das Einsame* des verinnerlichten Einzelnen übrigbleibt. Und hier dient ihm nun seine Theorie *von den Worten und Zufällen* dazu, das *Zusammenhanglose* in der Welt als einzig *wirklich* aufzustellen:

Dieses *Zusammenhanglose* nimmt Johannes mit seinen Erkenntnis- und seinen Erlebniskategorien wahr. In seinem Bewußtsein spaltet sich die Sprache von der Wirklichkeit ab: *. . . er hatte Furcht vor der unerbittlichen Bestimmtheit der Worte, wo er stumm den Dingen* *lauschte und sich ihnen hingab.*[36] Sprache und Schrift werden zu *sinnlosen Buchstaben, Zahlen und Zeichen.* In seiner sinnlichen Erfahrung haben sich die triebbedingten Handlungen von jeder Ziel- und Sinnvorstellung gelöst: . . . *die Triebe müssen wachsen und ihrem Zufall entgegenreifen;* und: *Der Zufall war es nur, der ihm Irene zugeführt hatte.*[37] Schon in *Modern* war das Triebleben des Menschen im Sinn des Determinismus als d e r bedingende, und zwar gegen die bourgeoise Gesellschaft: als der einzig naturgemäß bedingende Faktor herausgestellt worden. Diese deterministischen Vorstellungen verdichteten sich Döblin während des Medizinstudiums. Aber dem von den Naturwissenschaften des 19. Jahrhunderts angenommenen durchgehenden mechanistischen Kausalnexus setzte Döblin seinen *sinnlosen* Zufallsbegriff diametral entgegen. So konnte er Hölderlins Pantheismus durch einen materialistischen Monismus ersetzen: *irdisch sei alles an ihnen,* so tröstet Johannes die Irene einmal, *denn in Erde löse sich alles auf, um immer wieder zu wachsen in Regen, Sonnenschein, Schnee, Kälte, Haß, Glück und Leid und Liebe.*[38] Ja, innerhalb dieses sinnentleerten Monismus wird für Döblin nun der *Zufall* – und nicht mehr Hölderlins «ewige mühelose Ordnung» der materiellen Welt – zum Träger des *Schicksals. So hat mich das Andere, das Draußen, Zufall um Zufall zur Ewigkeit geschleppt . . . Erpreßt hat der Zufall mir mein Schicksal.*[39] Bei aller von Döblin selbst immer wieder versuchten Modifikation des *Schicksals*begriffs blieb doch die monistische Erkenntnis von der einheitlichen Materialität der Welt in den folgenden zwanzig Jahren die Grundlage seines Daseinsverständnisses. Erst die Ereignisse der Jahre 1918/19 erschütterten diese Grundlage im tiefsten.

Die Problematik, die an Döblins *Schwarzem Vorhang* dargestellt ist, geht aus dem Verhältnis des Individuums zur verdinglichten Gesellschaftswelt des Kapitalismus hervor. Seit Baudelaires Verherrlichung der «Dinge» in der Natur bis hin zu den sogenannten «Ding»-Gedichten des jungen Rilke, ja bis in seine Revolte gegen die verfratzte Dingwelt bourgeoisen Großstadtlebens im «Malte Laurids Brigge» (1904–10), von den Reflexionen, die Dostojevskij Raskolnikov darüber anstellen läßt, daß sich die Menschen «vor einem eigenen neuen Wort» ebenso «am meisten fürchten» wie «vor einem neuen Schritt», einer Tat, bis zu dem «Beweis dessen, daß es unmöglich ist, zu leben», den Kafka in seinem Erstling «Beschreibung eines Kampfes» (1903) eingeschaltet hat und der dadurch geführt wird, daß der Erzähler «die Anstrengung, die Dinge der Erde um mich zu sehn, nicht ertragen konnte», lassen sich seit der Mitte des 19. Jahrhunderts in der bürgerlichen Literatur die Zeichen der Entfremdung des Einzelnen zunächst von seiner Gesellschaft, im Zuge der fortschreitenden Entwicklung zum Imperialismus dann auch der Entfremdung des Subjekts von seiner eigenen Gedankenwelt häufen. Sowohl die Materialität des kleinbürgerlich-plebejischen Denkens als auch seines naturwissenschaftlich fundierten Monismus haben Döblin davor bewahrt, sich der vorherrschenden Flucht in wirklichkeitsfremde oder -feindliche Ideologien anzuschließen. Im Gegenteil: Während der Expressionismus seine irrationale Ästhetik auszuarbeiten begann und mit Wilhelm Worringer (auch ein Beiträger des «Sturm») das Postulat aufstellte, daß der Künstler die Objekte der Außenwelt aus allen «willkürlichen» Lebenszusammenhängen zu reißen und als absolute Werte zu isolieren habe, hatte Döblin begonnen, die Grundlagen seiner Ästhetik zu bilden. Er ging dabei von jener Theorie der *Worte* als *Zeichen* der *Dinge* aus, die er im *Schwarzen Vorhang* zur Etablierung eines agnostischen Pessimismus verwandt hatte. In seinen *Gesprächen mit Kalypso. Über die Musik*, zu denen Döblin *Bemerkungen und Einfälle* seit Ende 1905 zu sammeln begann (an Walden, 8. Januar 1906), knüpfte er das Band zwischen Zeichen und Ding, Sprache und Wirklichkeit sehr viel fester als in dem subjektivistischen Roman. Döblin bedachte nun die Vermittlungen, die zwischen Zeichen und bezeichnetem Wirklichen herzustellen seien und fand sie für die Musik in der *Summe von Ordnungsregeln*, in der *Ordnungsweise*, dem *Zusammenhang*, in den die einzelnen Töne gesetzt würden. *Ich rede von Bestimmungen, von Ordnungsregeln, vom Gesetze, von Satzung, die für etwas oder über etwas gesetzt sind.* Die Vermittlungen aber zwischen den geordneten und gesetzmäßig zusammengefügten Zeichen und ihrem Verständnis leistet das *Gedächtnis*, die *Erinnerung*, die nach dem *Vorbild alles zeitlichen Zusammenhangs*, dem *Leben*, der *Wirklichkeit*, sich die gemeinten Zusammenhänge (in Musik und in der *Sprechkunst*) als auf die *Wirklichkeit* und ihre *Ursächlichkeit* bezogen reproduziert. Döblin hat aus dem agnostizistischen Ansatz im *Schwarzen Vorhang* in den Folgejahren zur Anerkennung der Vermittlungsstufe der *Gesetze*, der *Satzungen* zwischen Ding, Wort und Erkenntnis gefunden und dies auf die neue Formel gebracht: *Ich erkenne Gleichmaß, Wiederkehr und Zusammenhang an; einen Sinn hat die Welt, den ihr der Satz der Beziehlichkeit leiht.*

Dies spricht der *Musiker* zu Kalypso, in Abwehr ihrer Theorie von der *reinen Kunst*, die *die Wirklichkeit überwinden* wolle. Wir befinden uns also, von Anfang an in Döblins Schaffen, auf dem Weg zu seiner eigenen Poetik, die ein gutes Jahrzehnt später auf Brecht den folgenreichsten Einfluß ausüben sollte.

In dem Kreis seiner frühen Künstler- und Literatenbekanntschaften hat Döblin weder folgenreich gewirkt noch hat er ihren Arbeiten weitreichende Anregungen entnommen. Sein *Journal 1952/53*, diktierte Memoiren dieser Jahre, hält sich im belanglos Privat-Anekdotischen auf. Döblin lernte durch Walden dessen Frau, Else Lasker-

Schüler, kennen, die weitaus bedeutendste dichterische Kraft des losen Zirkels, der sich um Walden sammelte, zu dem der Pianist, Komponist und Musiklehrer Waldens Conrad Ansorge, der Rezitator Rudolf Blümner, der Vagant Peter Hille, die Kritiker Siegmund Kalischer und Samuel Lublinski gehörten. Man traf sich *im Café des Westens, gelegentlich bei Dalbelli an der Potsdamer Brücke. Tuchfühlung* habe man gehabt mit Richard Dehmel, Wedekind und Paul Scheerbart. (*Epilog*) Von diesen war Dehmel von Döblin selbst als dem *1. Vorsitzenden d. litt. Abt.* der Studentengruppe *Finkenschaft* im Februar/März 1904 zu einer Lesung geladen worden. Seit dem Herbst 1904 zog der von Walden gegründete Verein für Kunst andere zeitgenössische Autoren zu Vortragsabenden heran, unter ihnen auch Wedekind, Liliencron, Arno Holz und Johannes Schlaf. Holz' «Kunstgesetz» half Döblin in den zwanziger Jahren seine materialistische Ästhetik fortzubilden. Nächst Wedekind verdankte er ihm weiterführende Einsichten.

Auch das Kapitel von Döblins Beziehungen zu Thomas Mann wird damals eröffnet – ein Kapitel, viel trüber als dasjenige der Beziehungen Brechts zu Mann. Der Lesung Thomas Manns im Verein für Kunst am 29. November 1904 aus «Tonio Kröger», «Das Wunderkind» und «Ein Glück» hatte Döblin nicht mehr beiwohnen können – er befand sich seit Anfang November zum Abschluß seines Medizinstudiums in Freiburg i. B. Das hinderte ihn nicht, sich über den Eindruck und Erfolg des Leseabends sowohl bei Walden als auch im «Berliner Tageblatt» zu informieren. Viel zuviel in den eigenen Versuchen stand Thomas Manns Werk nahe, als daß Döblin dessen Produktion nicht mit Aufmerksamkeit verfolgen sollte. Vom Haß des «Bajazzo» (1897) auf die bürgerlichen Wertsysteme in «diesen großen Wörtern», über die pubertäre Liebe der Schulfreunde Kai und Hanno in «Buddenbrooks» (1901), Tonios und Hans' in «Tonio Kröger» (1903) bis zu dem Auftauchen eines Welt- und Leben verneinenden asketischen Mönchs («Gladius Dei», 1902) waren Motive im *Schwarzen Vorhang* der Themenwelt Thomas Manns verwandt. Döblins Memoiren des *Blasierten* (1902/03) – eine Fortsetzung des *Schwarzen Vorhang* in Thema und Stil – scheinen in der Desillusionierung der *Liebe* als *perfider Einrichtung*, in dem Zynismus gegen jede Lebenserfahrung und auch in der Form des Rückblicks geradezu die Essenz aus Thomas Manns frühen Erzählungen herauszudestillieren. Die Pathologie des Lebenshasses und der Selbsterniedrigung dieses *Blasierten* steht Thomas Manns «Tobias Mindernickel» (1898) nahe. Diese Novellen lagen in Thomas Manns erster Buchveröffentlichung «Der kleine Herr Friedemann» seit 1898 zugänglich vor. Erst 1928, als er seine Roman- und Epentheorie endgültig herstellte, begann Döblin gegen die *stilistischen Schönheiten* seines *Kollegen*

Thomas Mann, um 1900

Thomas Mann zu sticheln. (An die Zeitschrift «Eckart».) Während des Exils und nach 1945 wurde das Verhältnis so unerträglich, daß sich Döblin im Alter die Rückschau verzerrte. Den herabsetzenden Satz *Es gab schon damals den Autor der «Buddenbrooks», er kam nicht in Frage (Epilog)* muß man als Fehlurteil und als mesquine Geschichtsvertuschung zurückweisen.

So also, mit den Wassern literarischer Bekanntschaften getauft und dem Öl belletristischer *Wahrheits*suche gesalbt, hatte sich Döblin nach Freiburg aufgemacht. Er schloß sich dort als Schüler einem außerordentlichen Mediziner an, dem Psychiater Alfred Erich Hoche. Hoche hatte (wie Freud) nicht mit psychiatrischen, sondern mit anatomischen, physiologischen und neurologischen Arbeiten begonnen, hatte sich mit 25 Jahren in Straßburg habilitiert und war 1902 als junger Ordinarius nach Freiburg gekommen. Erst in diesem Jahr hatte er in einem bald berühmt gewordenen Referat über Epilepsie und Hysterie eine Grundfrage der heutigen Psychiatrie berührt, nämlich die, ob die körperlichen Entsprechungen mancher seelischen

47

Störungen nicht in ganz anderen Veränderungen des Hirngeschehens gesucht werden müßten als in solchen, die sich mikroskopisch nachweisen ließen. Das widersprach der gängigen Lehrbuchmeinung des mechanistischen Materialismus. Neue technische Errungenschaften hatten die Komplizierung der Untersuchungsmethoden und die Entwicklung neuer medizinischer Instrumente hervorgebracht, die in erster Linie der operativen und antiseptischen Chirurgie dienten. Der Aufschwung der Physiologie förderte bakteriologische und neue Immunitätsforschungen. Die Seelenheilkunde blieb hinter diesen Neuerungen zurück oder erfuhr sie an den Universitäten nur im Sinn positiver Systematisierungen, wie sie der Hoche gleichaltrige Emil Kraepelin mit seiner Zweiteilung der endogenen Psychosen in die

Alfred Erich Hoche

beiden weiten Formenkreise der Schizophrenie und des manisch-depressiven Irreseins durchführte. Gegen Kraepelins Lehre von den Krankheitseinheiten begann Hoche in Freiburg seine Syndromenlehre aufzustellen und damit seinen Studenten die Warnung vorzutragen, keine vorzeitige Aetiologie zur psychiatrischen Klassifikation zu erheben.

In weniger als einem Jahr hatte Döblin im Juli 1905 ärztliche Prüfung und Doktorexamen («cum laude») bei Hoche hinter sich gebracht. Seine Dissertation *Gedächtnisstörungen bei der Korsakoffschen Psychose (Seiner lieben Mutter gewidmet vom Verfasser)* zeigt alle Vorzüge der Hocheschen Methode, die Erklärung des Geistigen aus der Physiologie durch eine syndromatische Betrachtungsweise zu gewinnen. Sie wurde angewandt auf den von Sergej S. Korsakoff erfaßten Symptomenkomplex: den hochgradigen Verlust des Gedächtnisses besonders als Folge von unmäßigem Alkoholgenuß und der Kompensation der Merkstörungen durch ein phantastisches sogenanntes «Konfabulieren» als Erscheinungsform vorübergehender «Gedächtnisstörungen» und auch bleibender Gehirnkrankheiten. *So wird . . . durch chronische Einwirkung von Alkohol, eines spezifischen Nervengifts, das Gehirn, das große, in einigen Partien direkt oder indirekt transformiert. Der Alkohol wirkt auf die Leber, welche vielleicht nicht nur eine äußere Sekretion hat, die Dinge liegen noch nicht zutage, der Korsakoff ist noch nicht durchschaut.*[40] (*Von Leben und Tod, die es beide nicht gibt*, 1955) Hoche stimmte dieser umsichtigen, ja vorsichtigen Ableitung zu. Das Wesen des Gedächtnisses war von Döblin als organischer Vorgang zu erklären versucht, die Erscheinung der *Gedächtnisstörung* im Ansatz durch eine multifaktorielle Syndromgenese, wie sie in der Psychiatrie erst heute Gültigkeit erlangt, beschrieben worden.

Die Arbeiten, die Döblin 1908 bis 1910 in psychiatrischen Zeitschriften veröffentlichte, zeigen die konsequente Fortentwicklung des bei Hoche gelernten Ansatzes. In den 1909 bis 1913 folgenden biochemischen und klinischen Arbeiten tritt, begünstigt durch die neuen Forschungsgebiete, Döblins Bemühen um exakt naturwissenschaftlich begründete Erkenntnis womöglich noch deutlicher zutage. Döblin hat seinen Wechsel aus der Psychiatrie in die Innere Medizin denn auch mit dem Wunsch nach tieferer Einsicht in die psychophysischen Zusammenhänge motiviert. Nie aber hat Döblin erwähnt, was die Vielfalt seiner Experimente auf dem jüngsten Gebiet der Immunitätsforschung, und besonders auch die mannigfache Zusammenarbeit mit Kollegen in der Biochemie (mit Biernath, L. R. Grote und P. Rona am Städtischen Krankenhaus am Urban-Berlin, mit P. Fleischmann an der Charité) doch nahelegen, daß er in den Jahren als Assistenzarzt eine Laufbahn als Wissenschaftler angestrebt hat. Wir können dazu nur die bereits begründete Vermutung anknüpfen, daß der Antisemitismus Döblin auch hier hinderlich war.

Für unseren Zusammenhang müssen wir aus den medizinisch-psychiatrischen Studien Döblins zwei Punkte herausheben: Döblins Suche nach den vermittelnden Gliedern zwischen *Ding*welt und Sprache konkretisiert sich in der physiologisch-neurologischen Suche des materiellen Substrats psychischer Erscheinungen (*Gedächtnisstörungen bei der Korsakoffschen Psychose*) und wirkt sogleich zurück auf das Ausgangsproblem, das nun materialistisch gelöst wird (*Gespräche mit Kalypso*). Eine mechanistisch vereinseitigte Monokausalität zwischen Materie und Psyche wird in den psychiatrischen Studien durch den syndromatischen Ansatz, in der Ästhetik durch die gleichermaßen multifaktoriellen Ordnungsregeln, die zwischen Ding und Bezeichnung vermitteln, durch den *Satz der Beziehlichkeit*, vermieden. Da dieser *Satz der Beziehlichkeit* undefiniert bleibt, gibt gerade er späterhin Abstraktionen Einlaß in Döblins Denken und geradezu der besonderen Repression hinter den positivistischen Mechanismus zurück in die Naturphilosophie des beginnenden 19. Jahrhunderts: sich den nicht restlos geklärten Zusammenhang der Körperwelt durch ein darüber gestülptes Agens, *die Lebenskraft* (*Berge Meere und Giganten*, 1924), sinnvoll auszulegen. – Der zweite Punkt, den sich Döblin damals klärte, war die befreiende, aber auch gefährliche, pathologische Rolle des Phantasierens, die ihm im Korsakoffschen Syndromenkomplex entgegengetreten war und ihn so *sonderbar und kurios, ja humoristisch*[41] anmutete, daß er sie vor und nach Abschluß seiner Dissertation gleich zwei Skizzen zugrunde legte: *Astralia* (Oktober 1904) und *Die Ermordung einer Butterblume* (wohl Juni 1905; nach Leo Kreutzer). Überhaupt erschien dem jungen Psychiater die menschliche Gesellschaft jetzt als ein Sammelsurium von Psychopathologen. Er fertigte bis 1911 im ganzen ein Dutzend kürzerer Skizzen an, Gaukeleien der Phantasie, grausame Märchen, süßliche *Legenden*, zum Teil von sinnverwirrender Albernheit, und setzte die in dieser Motivvielfalt deutlich abzugrenzende Linie der Grotesken aus der bürgerlichen Gesellschaft konsequent in seinem zweiten größeren Roman *Wadzeks Kampf mit der Dampfturbine* (1914) fort. Von ihm führt dann ein gerader, wenn auch unterbrochener Weg zum *Berlin Alexanderplatz*. Der Vorzug, den das Studium des Phantasierens und «Konfabulierens» dem Erzähler eintrug, war der, daß er sie als objektive Gegebenheiten betrachten, seine Prosaskizzen nun als Fallstudien anlegen und sich endlich aus dem autistischen Zwang der Selbstbespiegelung in der eigenen subjektiven Innerlichkeit befreien konnte. Diese Wende tritt mit *Astralia* im Freiburger Jahr 1904 ein.

Welch außerordentlich schwierige Prozesse Döblin damals durchlief, veranschaulicht ein kleines Schauspiel *Lydia und Mäxchen. Tiefe*

Dr. med. Döblin,
Freiburg 1905

Verbeugung in einem Akt[42] (einem *Fräulein Alma*, von dem wir sonst nichts wissen, *gewidmet*), im Sommer 1905 in Berlin in Erwartung einer Anstellung als Arzt geschrieben, im Dezember 1905 in Berlin zusammen mit einer Groteske von Scheerbart uraufgeführt und im folgenden Jahr auf eigene Kosten in einem Straßburger Verlag gedruckt. Der Sketch spielt auf zwei Sinnebenen: Die Begegnung der Titelfiguren wiederholt die in Haß und Rache aufeinanderprallende Antithetik der Geschlechter. Ferner aber treten nun die Requisiten der Bühne, die *Dinge* und *Sachen* und auch die beiden Figuren zu einer Revolte gegen *den Dichter* an, der zwischen ihnen auf der Bühne anwesend ist. Max heißt ihn schließlich *schiefgewachsenen Narren* und *Seelenfolter* und verwundet den Dichter. *Die Sachen bewegen sich von hier ab mit immer größerer Unruhe und Freiheit.* Für Döblins Entwick-

51

*Arzt am Urban-Krankenhaus,
Berlin 1910*

Mit Erna Reiss

lung war mit dem Einakter der Punkt erreicht, wo nicht mehr *Worte* und *Zufälle* ihr von der Realität losgelöstes Wesen treiben, sondern wo die reale *Ding-* und *Sachen*welt sich als mächtiger als der *Schlappschwanz* Dichter erweist und gegen das *Pfeifen* seiner *Worte* ihren eigenen Zusammenhang setzt. So ist diese Groteske parabolisch zu lesen.

Damit begann in Döblins literarischer Praxis, gewissen l'art pour l'art-Tendenzen zum Trotz, seine Hingebung an, ja Unterwerfung unter den Sachzusammenhang der Materie. Vor ihr erscheint der Künstler nicht mehr als *Schöpfer,* sondern als Dienender und Opfernder. In den *Drei Sprüngen des Wang-lun* (1912/13) und gleichzeitigen Essays wird diese neue Bestimmung von Kunst und Künstler programmatisch gefaßt. So sehen wir in den Jahren des Studiums und erster ärztlicher Tätigkeit Döblin die Grundlagen seines Weltverständnisses legen.

Döblin hatte sich nach der Promotion um eine Stelle an einem Stettiner Krankenhaus beworben und war als Jude abgewiesen worden. Er arbeitete vom November 1905 bis Oktober 1906 an der Kreisirrenanstalt Prüll bei Regensburg. Das Jahr endete damit, daß Döblin *mit allen überworfen* war und eine Klage *wegen Beleidigung gegen den Oberarzt anstrengte.* Er erwartete damals unter Zweifeln, da er *kein Arier* war, den Entscheid, ob er von der Städtischen Irrenanstalt, Berlin-Buch, angestellt würde (an Walden, 1906). Er wurde

es, arbeitete dort bis Juni 1908 und begann hier mit eigenen wissenschaftlichen Arbeiten zur Psychiatrie. Mit seinem Wechsel an die Innere Abteilung des Städtischen Krankenhauses Am Urban, Berlin, 1908, begann Döblin seine biochemischen und klinischen Untersuchungen, die er nach seiner Niederlassung 1911 als *praktischer Arzt am Halleschen Tor in Berlin* bis 1913 an der I. Medizinischen Klinik der Königlichen Charité (unter dem Geheimen Medizinalrat Professor Dr. W. His) fortsetzte. Am Urban lernte Döblin die zehn Jahre jüngere cand. med. Erna Reiss, Tochter eines wohlhabenden jüdischen Fabrikanten, kennen. Sie heirateten im Januar 1912. Die Tätigkeit als kärglich bezahlter Assistenzarzt mußte aufgegeben werden. *Nicht freiwillig. Ich hatte geheiratet, darum durfte ich nicht bleiben.* (*Arzt und Dichter*)

Döblin hatte sich im Angestelltenverhältnis der Anstalten und Krankenhäuser geborgen gesehen vor jenem angstvollen *Lebens*gesetz des *Rette sich wer kann*, das ihm die Erfahrungen der Kindheit oktroyiert hatten. Er hatte als junger Doktor *nichts so eilig, als mich dem Kampf um das sogenannte Dasein zu entziehen.* Der Fehlschlag um eine bayerische Beamtenstelle erscheint demnach in grellerem Licht und ebenso die schließliche Niederlassung als Arzt. *So war ich also mit Schläue lange Jahre dem sogenannten Existenzkampf ausgewichen – und mußte jetzt hinein.* (*Arzt und Dichter*)

«Drangsal des Bürgerlebens» –
Literarischer «Durchbruch»

Pflegen Sie Ihren Futurismus. Ich pflege meinen Döblinismus.
Offener Brief an Filippo Tommaso Marinetti, 1913

Döblin hat das Jahr seiner ärztlichen Niederlassung als eine *Krise* empfunden und in ihr den Neubeginn seiner schriftstellerischen Tätigkeit begründet gesehen (*Arzt und Dichter*). 1911 *mußte* er *in die mich erst fürchterlich abstoßende Tagespraxis. Von da ab Durchbruch oder Ausbruch literarischer Produktivität. Es war fast ein Dammbruch, der im Original erst fast zweibändige «Wang-lun» wurde samt Vorarbeiten in acht Monaten geschrieben, überall geschrieben, geströmt, auf der Hochbahn, in der Unfallstation bei Nachtwachen, zwischen zwei Konsultationen, auf der Treppe beim Krankenbesuch; fertig Mai 1913.* (*Autobiographische Skizze*, 1922) Tatsächlich müssen wir mit Konzeption und Ausarbeitung der *Drei Sprünge des Wang-lun*, des *chinesischen Romans*, eine entscheidende Wende in Döblins Schaffen erblicken, weil dieser Roman – ganz im Gegensatz zu den Phantasien der Grotesken, Märchen und Legenden – eine gesellschaftliche Bewegung darstellt, einen politischen Aufstand, eine Revolte, geführt von dem Fischersohn Wang-lun gegen den Mandschu-Kaiser Khien-lung.

Diese Wende vollzog sich im Zusammenhang mit den immer konfliktreicheren Entwicklungen des imperialistischen Hochkapitalismus. Die in den neunziger Jahren vom Staatssekretär des Auswärtigen Amtes, Bülow, für den deutschen Imperialismus gelieferte Expansionsformel von der neuen Marktaufteilung der Welt und dem Verlangen Deutschlands nach seinem «Platz an der Sonne» hatte in der «Ära Bülow» in Afrika und auf dem Balkan bereits zu Krisen und Kriegen geführt. Die bürgerlich-demokratische Revolution in Rußland 1905 eröffnete den Schriftstellern, die sie – wie Barlach, Kafka, Rilke – beobachteten, Einblick in den Geschichtsprozeß und ließ die Erkenntnis dämmern, daß sich dem Imperialismus und seinen Gesetzen und Formeln neue geschichtsbewegende Kräfte, und zwar gesetzmäßig, entgegenstemmen würden. In Kunst und Literatur sind seit dem Jahr 1910 die Zeichen wachsender Entfremdung von bourgeoisen Ordnungsnormen nicht zu übersehen. Mit drei Zeitschriftengründungen sind die Richtungen bezeichnet, in die sich die offene Opposition zu bewegen begann: Stefan George etablierte seinen Elitismus in den «Blättern für die geistige Bewegung», die seit 1910 unverhohlen ihre Kritik «von rechts» als antidemokratisches, ja präfaschistisches Programm vortrugen. «Der Sturm», von Herwarth Walden 1910 zusammen mit Döblin begründet, versammelte einen Großteil der anarchistisch oder apolitisch orientierten Antibourgeoisen. Die demokratische, antiimperialistische Linke fand ihren Sammelplatz in der 1911 erscheinenden «Aktion», deren Herausgeber Franz Pfemfert Rosa Luxemburg und Karl Liebknecht nahestand. Heinrich Mann schrieb seinen «Untertan» (Vorabdruck in der «Aktion» seit 1911). Rilke vollendete «Malte Laurids Brigge» (1910); Thomas Manns «Tod in Venedig» (1912) und seine Essayfragmente «Geist und Kunst» (1913) setzten seine Gesellschaftskritik aus «Tonio Kröger» fort.

Die Konzeption des *Wang-lun* wurde durch eine aktuelle Meldung von einem Aufstand chinesischer Goldwäscher an der Lena, im östlichen asiatischen Rußland, und seiner blutigen Niederschlagung durch zaristische Truppen ausgelöst (Paul Lüth), die Ausarbeitung im Juli 1912 begonnen. Und zwar als Fundierung des zeitgeschichtlichen Ereignisses durch den Rückgriff in die Geschichte jahrhundertelanger Aufstände chinesischer Bauern gegen den Feudalismus und gegen den Bürokratismus der kaiserlichen Zentralgewalt. Jüngste politische Ereignisse in China (und auch seine durch Schopenhauer vermittelte Vertrautheit mit den Lehren des Buddhismus, die ihm ermöglichte, sich chinesische philosophische Schriften in kurzer Zeit zu amalgamieren) müssen Döblin bewogen haben, sich das Motiv eines Volksaufstandes und seiner blutigen Unterdrückung aus der chinesischen Geschichte zu vergegenwärtigen: 1911 hatte die revolutionär-demokratische Bewegung, geführt von Sun Yat-sen, unter den Provinzialgouverneuren so zahlreichen Anhang gefunden, daß im Februar 1912 die Mandschu-Dynastie (seit 1644) im ältesten Kaiserreich der Welt abdankte. Während sich Sun Yat-sens Gruppe 1912 zur Kuomintang, der Nationalpartei, organisierte und nach ihren Erfolgen in den ersten Parlamentswahlen der jungen Republik in die Illegalität verbannt wurde, begann Döblin darzustellen, wie unter dem mächtigsten der Mandschu-Kaiser, Khien-lung (1736–96), Vorboten des Umsturzes das Land 1774 an den Rand des Bürgerkriegs brachten. Der Blick aus den Kämpfen des 18. Jahrhunderts wird gegen Ende des Romans auf die künftige Geschichte gelenkt: *Die Menschen müßten denken, wie der Boden denkt, das Wasser denkt, die Wälder denken: ohne Aufsehen, langsam, still; alle Veränderungen und Einflüsse nehmen sie hin, wandeln sich nach innen . . . Die reine Lehre . . . würde sich nach ihnen ausbreiten in heimlicher wunderstrotzender Weise . . .*[43]

Welche reine *Lehre* war das, die Wang-lun aufgestellt hatte, für wen war sie bestimmt und in welche Widersprüche brachte sich Wang im Verlauf seiner *drei Sprünge* zu ihr? Es ist die aus der Anerkennung des Tao, des determinierten Schicksals abgeleitete Lehre des Laotse, *daß nur eins hilft gegen das Schicksal: nicht widerstreben . . . Ich will arm sein, um nichts zu verlieren . . . Nicht handeln.*[44] Daraus folgt der erste Widerspruch, den Wang-lun erfährt, als er diesem Grundsatz des *Wu-wei* entgegen die Führerschaft über eine immer anwachsende Gruppe sozialer outcasts, der *Wahrhaft Schwachen*, annimmt. Wangs Genossen sind *Lumpen und Verbrecher, Strolche, Wegelagerer, Ratlose, Vagabunden, Sonderlinge, arme, ausgestoßene Menschen*, die der *brütenden Gesetzlichkeit entflohen*[45], die *aus dem Drangsal des Bürgerlebens*[46] geflohen sind. In losen Gruppen erfüllen sie ein Hippie-Programm des *wandern, betteln, arbeiten*, nicht seßhaft sein, *niemandem wehtun*. Politisch wird die Bewegung erst, als die *Wahrhaft Schwachen* mit den Brüdern der *Weißen Wasserlilie* Verbindung aufnehmen – einer anderen Gruppe Unterdrückter, *Vaterlandsfremde* wie die *Wahrhaft Schwachen*. (Der zeitgeschichtliche Bezug tritt in der Umkehrung des Hetzwortes von den vaterlandslosen Gesellen, das während der Zeit der Sozialistengesetze gegen Sozialdemokraten in Umlauf gebracht worden war, deutlich genug hervor.) Im Anwachsen der Bewegung spalten sich aus ihr die Anarchisten der *Gebrochenen Melone* ab. Sie durchbrechen das Gesetz des *Nicht Widerstrebens*, gründen kämpferisch eine Kommune, erklären die *vertriebenen Besitzer ihres Eigentums für verlustig; die Herrschaft der fremden Mandschudynastie, der Tai-tsing, nannte man erschlichen, nicht volkstümlich und darum abgeschafft*[47]. Damit ist der Gegensatz zur Staatsgewalt aufgebrochen. Dies ist der zweite Widerspruch, in den sich Wang-lun begibt: daß er nun seine Gruppen aus Solidarität mit den Leiden der von Provinzial- und Regierungstruppen grausam Verfolgten in die Rebellion gegen Peking führt.

Bis zu diesem Punkt ist die Konzeption Döblins klar. Zwei Fronten sind aufgebaut: *Volk* und *Regierung, Arme* und *Besitzer und Präfekten*, aber eben auch *Wegelagerer, Verbrecher, Ratlose* auf der einen, *Gesetzlichkeit* auf der anderen Seite. Den Kampf zwischen diesen Fronten hat Döblin gestaltet. Die in den Schlußpartien des Romans angedeuteten Lösungen der Problematik hingegen sind nicht das, sondern Ausflüchte aus ihr. Sie bewegen sich auf zwei Ebenen und schließen eine dritte und vierte Widersprüchlichkeit im Verhalten Wang-luns ein: Die gesellschaftliche Ordnung wiederherzustellen, imaginiert sich der Rebell plötzlich als derjenige, der die Usurpatoren-Dynastie der Mandschus durch die ältere Ming-Dynastie ersetzen werde. Das ist die politische Ausflucht. Die ethische Ausflucht ist, daß Wang sich ebenso plötzlich aus dem blutrünstigen Rebellen, dem geradezu besinnungslos Handelnden in den Prediger von *Ergebung* und *Sanftmut* zurückverwandelt. *Er öffnete sich ganz.*[48] Mehrmals erscheint ihm ein Traum, in dem sich sein Leben im Wuchs eines Baumes vollendet: *. . . er stünde an dem Stamm; erst sei es wie eine Sykomore. Allmählich finge der Baum an, so schlank und gleichzeitig so zottig um ihn zu wuchern, ihn wie eine Trauerweide schwelgerisch zu überhängen, wie ein grüner Sarg zu umschließen.*[49] Damit ist die Lehre vom Tao, der sozial-ethisch verstandenen Weisheitslehre des Laotse, von Döblin zu etwas ganz anderem erweitert worden, zu einem materialistischen Pantheismus, in dessen monistischer Einheitsvorstellung sich Döblin Natur und Gesellschaft zu unterschiedslosen Erscheinungsweisen vermischen. Auf dieser Vermischung ruht im *Wang-lun* und in den folgenden Werken bis *Berge Meere und Giganten* die mangelnde Sinngebung im Ablauf der Romane. Aus ihr geht ferner in Döblins Schaffen das Transzendieren geschichtlich-gesellschaftlicher Werkkonzeptionen in abstrakt-ethische, ja mystische Lösungen hervor. In ihr ist letztlich jenes resignierende Bekenntnis des Autors selbst begründet, daß die Reihe seiner ersten Romane (seit *Wang-lun*) – von ihm als *Ermittlungsverfahren* verstanden, *festzustellen, wo ich stand* – in nicht mehr als ungelöste Fragen mündete: *. . . der eigentliche Prozeß der Bestimmung und Feststellung erfolgte im Schreiben selbst. Das Eigentümliche, Bittere, Fatale ist dann: Jedes Buch endet (für mich) mit einem Fragezeichen. Jedes Buch wirft am Ende dem nächsten Buch den Ball zu. (Epilog)*

Dieser *Prozeß* ist bereits innerhalb des *chinesischen Romans* wahrzunehmen. So erschien am Anfang der Konzeption die vom Kaiser aufgestellte *ständige Truppe zur Niederwerfung innerer Rebellionen,* die *Mordbrenner,* die *Mordbande* und *Mörderhorde* von *Ili* als der eigentliche Gegner des *sanftmütigen Volkes,* der *friedliebenden Menge,* die Wang-luns Bewegung stützt. (*Der Überfall auf Chao-Lao-Sü,* 1921) Diese Parteilichkeit Döblins für das Volk verliert sich gegen Ende so sehr, daß das übrigbleibende Problem, ob das *Wu-wei,* das Gesetz des Nicht-Handelns ein ausübbarer Leitsatz sein könne, der Person als Frage in den Mund gelegt wird, die gerade in einem fallengelassenen Eingangskapitel als schärfster Feind des *verbrecherischen Pöbels* dargestellt worden war: nämlich Hai-tang, der Frau des *Mordbrenner*-Generals. Ihre Worte, an die Göttin der Barmherzigkeit Knan Yin gerichtet, beschließen den Roman: *Stille sein, nicht widerstreben, kann ich es denn?*

Es ist die alte Frage, ob Weltsucht oder Entsagung, Aktion oder Kontemplation das Individuum mit sich selbst und mit der Gesellschaft versöhnen. Sie hat Döblin seit seiner Gymnasialzeit beschäftigt. Die in seinem Gesamtwerk stets von neuem gesuchte Antwort auf die Frage der Hai-tang lautete: Nein. Und natürlich waren Frage und Antwort nicht abgeleitet aus diesen oder jenen europäischen und fernöstlichen philosophischen Quellen. Vielmehr wurden diese aufgesucht, um Probleme zu klären, die Döblin durch das Erlebnis seiner Zeit und Gesellschaft gestellt waren.

Die dem Roman vorangestellte *Zueignung* spricht es denn auch programmatisch deutlich aus, daß das Werk gegen das Besitzbürgertum der Gegenwart gerichtet war. Aber schon im Ansatz wird die aktuelle Gesellschaftskritik in eine Kritik von deren Unmoral der *Habgier, Sattheit, Geilheit, Roheit* und der *Ehrsucht* umgewendet und auch der Einblick in die Gesellschaftsstruktur in der Ablehnung des technologisch gedachten Fortschritts aufgehalten. Dementsprechend setzt Döblin gegen das *Gewinnen, Erobern* seiner Epoche die Ethik des Taoismus: *Wir gehen und wissen nicht wohin. Wir bleiben und wissen nicht wo. Wir essen und wissen nicht warum. Das alles ist die starke Lebenskraft von Himmel und Erde: Wer kann da sprechen von Gewinnen, Besitzen?*[50] Ein Satz des Liä-Dsi, der neben dem Tao-teching des Laotse und dem Buch Chuang-tsu zu den wichtigsten Klassikern des Taoismus gehört. Gewiß sollte derart aus zeitkritischem Anlaß ein Gleichnis im Geschichtlichen aufgebaut werden. An pointierter Stelle, in den Gesprächen Khien-lungs mit Hofbeamten, tritt dieser kritische Bezug in einer Polemik gegen die *aufdringliche Händlerart* der Europäer zutage; ihre *Völker sind barbarischer, als man bei uns weiß.*[51] Allein durch jenen Rückgriff in die alte chinesische Philosophie drangen Abstraktionen in die Darstellung ein, die das geschichtliche Gleichnis der Gefahr der Schiefheit aussetzten. Jedenfalls hat die abstrakte Ethisierung Döblin das Problem eines Volksaufstandes zu lösen nicht geholfen.

Lion Feuchtwanger führte in einer der ersten Rezensionen («Die Schaubühne», 1916) den einhelligen Eindruck des Neuartigen, den die Leser damals empfingen, auf brauchbare ästhetische Kategorien zurück. Er fand dieses «Prosa-Epos . . . mit überzeugender Gegenständlichkeit gestaltet, nirgends werde kommentiert». Döblin sei in seiner Darstellung «wie Mommsen in seiner Römischen Geschichte vor höchst modernen Bezeichnungen nicht zurückgeschreckt». Das sind, was die Vermittlung des geschichtlichen Stoffes betrifft, dieselben antihistoristischen Überlegungen, die Brecht in den dreißiger Jahren noch einmal anzustellen beginnt, als er an seinem Caesar-Roman arbeitet. Nur daß Brecht gerade die Funktion der Modernismen im Geschichtsroman über ihre unmittelbare Anwendung durch Mommsen hinaus in ihrer Spezifik als vermittelnde Glieder der Geschichtsdeutung begriff – ein Schritt, den Döblin auch in seinen späteren Geschichtsromanen nicht vollzogen hat. Immerhin, Brecht begann 1919 im Hause Feuchtwangers in München zu verkehren. 1920 vertiefte er sich geradezu in ein Studium der beiden ersten

Von Geld ist die Rede, von wem noch?

Zwei Kriegszüge . . .

. . . und zwei Hochzeiten bestimmten den Lebenslauf des Mannes, von dem hier die Rede sein wird. Albrecht Wenzel Eusobius, so seine Vornamen, studierte in Altdorf, Bologna und Padua, kehrte im Alter von 23 Jahren in die oberelbische Heimat zurück und heiratete drei Jahre später eine ältliche Witwe, die fünf Jahre darauf starb. Sie hinterließ ihm riesige Güter. Über Nacht war der junge Witwer ein reicher Mann. Nun konnte seine Karriere als Kriegsmann beginnen.

Dem Erzherzog in Wien, der Krieg mit Venedig führte, stellte er aus eigenen Mitteln 200 vorzüglich ausgerüstete Pferde zur Verfügung, die er selbst kommandierte. Das wurde bei Hofe nicht vergessen. Ein Jahr später brach kriegerischer Streit dort aus, wo der Witwer wohnte. Mit der Schatztruhe zog er nach Wien, stattete ein Regiment aus und schlug sich erneut für jenen Herzog, der inzwischen König geworden war. Das zahlte sich bald aus. Nach siegreichen Zügen erhielt er von dem inzwischen Kaiser gewordenen Landesherrn riesige Teile der eroberten Gebiete und durfte sie zu einem neuen Herzogtum zusammenfassen. Etwa zur selben Zeit heiratete er ein zweites Mal, und wieder war die Auserwählte von auserlesenem Reichtum.

Nun konnte er schon ein Heer von 50 000 Mann aus eigenen Kräften aufstellen, freilich unter der vertraglichen Bedingung, daß die laufenden Unterhaltskosten von den jeweils besetzten Gebieten aufzubringen seien. Der Kaiser, von den militärischen Erfolgen seines Heerführers angetan, verlieh ihm auch noch die Herzogtümer Sagan und Mecklenburg, nachdem er die rechtmäßigen Erben kurzerhand abgesetzt hatte. Damit war der Mann auf dem Höhepunkt seiner Laufbahn. Danach ging's abwärts, bis zu dem Tiefpunkt: Anklage wegen Hochverrats. Er soll mit dem Gegner paktiert haben. Er floh. Sein Ende war kurz und wurde berühmt: Man ermordete ihn in der Nacht. Nun nahmen die Dichter und Schriftsteller sich seiner an. Von wem war die Rede?

(Alphabetische Lösung: 23-1-12-12-5-14-19-20-5-9-14)

großen Romane Döblins. 1921, zur Zeit als Feuchtwanger seine Rezension des *Wallenstein*-Romans schrieb, las Brecht den dritten Roman Döblins, und zwar mit Vorbehalten, die auch Feuchtwanger gegen ihn anmeldete. Brecht begann, sich mit Döblins Werken unter handwerklich-technischen Gesichtspunkten auseinanderzusetzen, wozu Feuchtwangers Rezension einige Anleitung gab. Und wir sind berechtigt, anzunehmen, daß die Erörterungen zum *Wang-lun*, so wie sie uns in Feuchtwangers Rezension überliefert sind, Brecht eine seiner fruchtbarsten Beziehungen zu zeitgenössischen Autoren eröffnet hat.

Unmittelbarkeit, «Gegenständlichkeit und Sachlichkeit», die Feuchtwanger wahrnahm, waren von Döblin seit den *Gesprächen mit Kalypso* zu Leitworten seiner Widerspiegelungstheorie erhoben worden. Schon 1909 hatte er den dialektischen Satz aufgestellt, *daß man sich an den Objekten entwickelt, – nicht aber in perpetuum ein wesenloses Ich abspinnt.* Und unmittelbar angeregt von dem Architekten Adolf Loos («Ornament und Verbrechen», 1908) hatte er hinzugefügt: *Sachlich sein; jedes Ding seine besondere Sachlichkeit, Zweckmäßigkeit, nichts von außen heranbringen und ankleben.*[52] Die semiotische Problematisierung von Erkenntniszusammenhängen, die Döblins Denken vor seinen naturwissenschaftlichen Studien beherrscht hatte, ist damit beiseite gesetzt (nicht gelöst) worden. An ihre Stelle tritt die Anerkennung der objektiven Realität.

Der Gegensatz zur Ästhetik des «Sturm»-Kreises war damit gegeben. Denn sie verkündete als den Sinn jeder künstlerischen Arbeit in Bild und Wort die Abwendung von der erfahrbaren Wirklichkeit. Schreyer und Walden, die Haupttheoretiker des «Sturm», enthoben damit die Kunst jeder gesellschaftlichen Bindung und schrieben dem Künstler als dem «Künder offenbarter Erkenntnis» die metaphysische Fähigkeit zu, durch die unvollkommenen Erscheinungen der Wirklichkeit hindurch zu einer «Wesens»schau der «Welt, von der die Erde ein Teil ist», zu gelangen. Walden und Schreyer haben nicht gezögert, ihre «reine Kunstlehre» – gegen die Döblins Musiker in den *Gesprächen mit Kalypso* bereits Einwände hervorgebracht hatte – als eine «Weltwende» zu bezeichnen, die den gewandelten Menschen zur Selbstbesinnung zwänge.

In der *Zueignung*[53] des *chinesischen Romans* hatte Döblin seine Kritik des *Fortschritts* um eine Sprachkritik erweitert: *Dieses Blitzen von Worten über hundert Meilen: Wem dient es?* – Und er hatte dann nach jenem Zitat des Liä-Dsi sein eigenes *ohnmächtiges Buch* dem *weisen alten Manne* als *Opfer* angetragen. Im Laufe des Romans wird es klar, daß Döblin damit den Grundgedanken berührt hat, der im folgenden ausgesponnen und variiert wird, daß die Wirklichkeit um ihrer selbst willen und ohne Rücksicht auf die Frage nach ihrem Sinn

Verehrung verdiene. Weder *Worte* noch *Zufälle* verschleiern Döblin jetzt mehr den Blick auf die Realität. Sein Bekenntnis zum Primat der *O b j e k t i v i t ä t* war in kräftigstem Widerspruch zur expressionistischen Ansicht vom unvollkommenen Schein aller Erscheinungen ausgesprochen. Es wurde wenig später in romantheoretischen Ausführungen wiederholt und hier mit polemischen Akzenten gegen jeden persönlichen Erzählstil versehen: *Das Leben dichtet unübertrefflich. Kunst hinzuzufügen ist da meist überflüssig . . . Es ist schon ein Fehler, wenn Stil bemerkt wird.* (*Bemerkungen zum Roman*, 1917) Wenn für die erzählerischen Anfänge Döblins vornehmlich eine «Willkür momentaner Intuitionen und Assoziationen», eine «Exuberanz der Sprache» bemerkt worden ist, die zu erlauben schien, «von jedem Punkt aus alles zu erreichen» (Ernst Ribbat), so hat Döblin sich mit seiner materialistischen Weltsicht im *Wang-lun* den einen festen Punkt geschaffen, der nun auch seine Sprache trägt und ihre «Gegenständlichkeit» schafft. Die pantheistische Naturverehrung erzeugt darüber hinaus ihre reiche Bildlichkeit. Bilder wie die vom *grünschleppenden Mondlicht*, dem *alles duldenden Himmel*, von *Wolken und Wind* als *Weihrauch* für Buddha, von den *hauchenden Teichen* fangen eine unendliche Bewegung der Natur und ihrer Geschöpfe ein.

Döblin hatte seine ästhetische Theorie vom *sachlichen* Abbilden der *Dinge* (an Walden, November 1909), von der Widerspiegelung des Seienden und damit der *Verpflichtung* des Dichters, *den Anblick* der Wirklichkeit *ehrerbietig zu schonen* (*Wang-lun*), ausgebildet und angesetzt, sie in seinem Roman in die Praxis überzuführen, als er mit dem Futurismus konfrontiert wurde. Diese Konfrontation führte ihn zu der Auseinandersetzung mit einem international verbreiteten Kunstprogramm und half Döblin, die eigenen Positionen zu präzisieren. Einen qualitativen Sprung verursachte die Konfrontation in Döblins Denken nicht. Sie konnte das nicht verursachen, weil das futuristische Kunstprogramm selbst nur ein Teilausdruck des sich wandelnden Selbstverständnisses der Kunst und der Literatur unterm Kapitalismus und Imperialismus war, weil sich in ihm die ästhetische Opposition, die wir seit der Jahrhundertwende in der einen oder anderen Form auch vom jungen Döblin eingenommen fanden, nur erneut spezifizierte. Das geschah jetzt immer lauter; die propagandistische Wirkung heraufbeschworener Skandale wurde vorweg mit einkalkuliert.

Das Auftreten des italienischen Futurismus in Berlin vollzog sich wie folgt: Im April 1912 zeigte Walden in der 2. Ausstellung der Kunstgalerie des «Sturm» Bilder von Umberto Boccioni, Carlo Carrà, Luigi Russolo und Gino Severini. Döblin war besonders beeindruckt von Boccionis «Das Lachen», Russolos «Die Revolution» und Severinis «Pan-Pan-Tanz» (*Die Bilder der Futuristen*, 1912). Von den

Malern war bei dieser Gelegenheit Boccioni für zehn Tage nach Berlin gekommen, gefolgt von dem Literaten und Theoretiker der Gruppe Marinetti. Dessen Betriebsamkeit war es zu danken, daß die Litfaßsäulen Berlins während der Dauer der Ausstellung mit Manifesten des Futurismus «Tod dem Mondschein» und ähnlichen beklebt und auch vom offenen Automobil aus Leipziger und Friedrichstraße mit solchen Plakaten beworfen wurden, zu welchem Hergang man «Eviva Futurista!» schrie. Unter sich rief man häufig «Eviva Garibaldi» und auch «Eviva l'amore». Die Italiener zeigten sich stets in Havélock und Smoking, und wenn sie mit den Waldens und Döblin bei Dalbelli, Bülowstraße, aßen, tranken und diskutierten, wurden «jeden Abend ... die Weingläser nach dem letzten Schluck an die Wand geschmissen. Anders wollten es Marinetti und Boccioni nicht haben.» (Nell Walden) Also in ihrem «Épater le Bourgeois» halb Bürger, halb Bohème.

Was Döblin durch die Berliner Ausstellung wahrnahm, war, wenn man so will, ein entferntes Echo der Produktivität Picassos – von dem einige Graphiken im Mai 1912 im «Sturm» gezeigt wurden. Der «Futurismus» war ein Sprößling des «Kubismus». Für die literarische Arbeit gaben weder der technische noch der programmatische Terminus sehr viel her, wie Döblin bald bemerken sollte.

Die Bilder der Italiener betrachtete Döblin mit heller Begeisterung. *Das ist keine Naturwissenschaft, kein fragwürdiges Recht des Malers, sondern das Recht seiner Phantasie, zu sehen, wie und wohin sie will; Kunst,* so bestätigen ihm die Gemälde, sei *eine andere, freiere, stolzere Realität ... die des triumphierenden Menschen.* (*Die Bilder der Futuristen*) Döblin nahm in den futuristischen Bildern die fortgeschrittenste Technik künstlerischer Gestaltung wahr. Er hat in späteren Äußerungen denn auch die kritisch-ästhetische Leistung dieser *Bewegung* anerkannt: *Auf das innigste zu begrüßen war das Vorgehen, der modus procedendi, der Futuristen; sie wagten es, suchten gleichviel ob mit Recht oder Unrecht, die Landschaft der Plüschsofas ab, reizten die Bewohner.* (*Revue*, 1920) Damals hatte Döblin bereits die nationalistische Wendung Marinettis und einiger seiner Freunde zur Kenntnis genommen. Seit Marinettis Übertritt zum Faschismus zog Döblin es vor, futuristische Stilelemente mit dem Namen des *Kubismus* zu bezeichnen («Prager Tageblatt», 3. Januar 1923) Aber von der ersten Begegnung an drückt Döblins Einverständnis mit den neuen Formen viel mehr als ein nur ästhetisches Interesse aus. Er sah in der futuristischen Bildkunst die *Dinglichkeit, Sachlichkeit, Zweckmäßigkeit* zum Gestaltungsprinzip erhoben, die die Materialität seiner Ästhetik damals forderte. Diese Forderung umfaßte zugleich die Gegnerschaft gegen den bourgeoisen Idealismus und Subjektivismus und zudem – und darin zeigt sich die kleinbürgerliche Denkweise

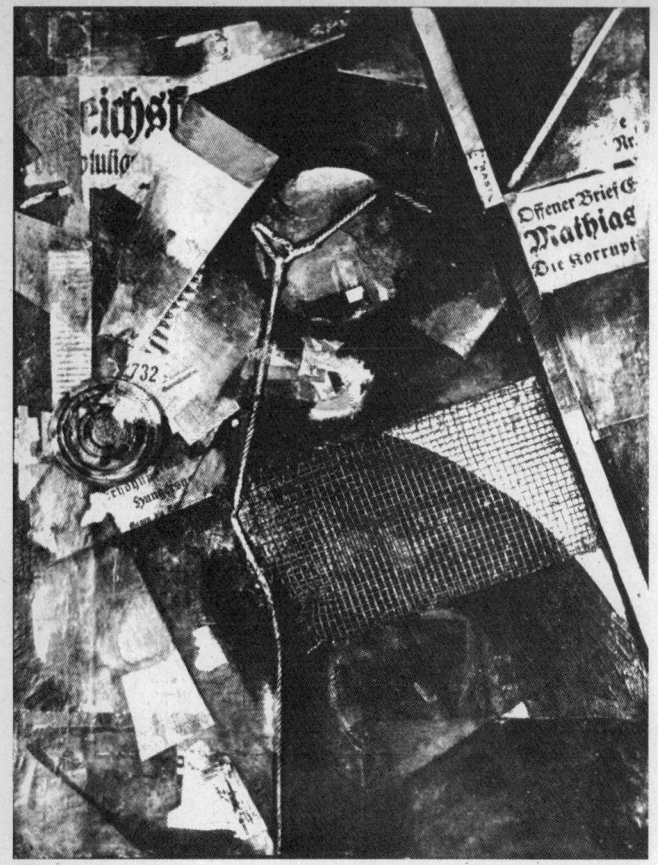

Das Sternenbild. Merzbild 25 A von Kurt Schwitters, 1920

Döblins erneut – die völlige Gegnerschaft gegen bürgerliche Bildungstraditionen überhaupt. Döblin fand sich – hier liegt der Grund seiner hellen Begeisterung für die Futuristen im April 1912 – in seiner anarchischen Protesthaltung von ihnen, und das hieß damals: von einer ästhetischen Internationale, legitimiert. Ein anderer Grund seiner Übereinstimmung war der lebensphilosophische Boden, auf dem diese Kunstschule gedieh. Er war in Frankreich durch Henri Bergson den Künstlern zum Programm geworden. Er war Döblin durch seine Schopenhauer- und Nietzsche-Lektüre vertraut. Seit dem Anruf der *starken Lebenskraft von Himmel und ·Erde* im *Wang-lun*, in den kritischen Schriften seit seinem *Offenen Brief an F. T. Marinetti* zieht sich die Parole *dichter heran müssen wir an das Leben* durch Döblins Theorie. Auf ihrer Basis sehen wir ihn am Ende des Jahrzehnts einen andern Sprößling des Kubismus, den Dadaismus bewundern, *weil ich fühle, wie mächtig in ihnen und aus ihnen die Welt glüht.* Besonders *ergriffen* ihn Bilder von Kurt Schwitters: *So innig habe ich noch keinen Maler die Natur anbeten sehen. Er wird es mir nicht zugeben. Aber was sagt das.* (*Himmlisches und irdisches Theater*, 1919)

«En avant dada». Almanach von Richard Huelsenbeck

Im Oktober 1912 erschien im «Sturm» Marinettis Beitrag «Die futuristische Literatur, Technisches Manifest», im März 1913 das «Supplement» dazu. Döblin widersprach ihnen sofort in jenem Offenen Brief und drückte seinen Widerspruch bereits kräftig in der Überschrift aus, indem er die angemaßte «Literatur»-Theorie Marinettis zu dem erklärte, was sie war, zu einer bloßen *Futuristischen Worttechnik*. Marinetti schlug vor, mit den Adverbien, Adjektiven und Konjunktionen auch die Interpunktion abzuschaffen, Verben möglichst nur im Infinitiv zu setzen, das Substantiv zu bevorzugen und zu ballen, also in eine Babysprache zurückzufallen, in *die Katastrophe der fehlenden Interpunktion und der fehlenden Syntax*. Döblin hinge-

Der Futurist Filippo Tommaso Marinetti

gen hatte sich in seinen Aristoteles-Studien den mimetischen Charakter der Sprache geklärt und setzte nun an, gegen Marinettis Sprach-*Amputation* Reichtum und Vielfalt der Sprache zu verteidigen. *Es gibt in einem kompletten Satz verschiedene Valenzen; es dominieren verschiedene Satzfunktionäre, bald Subjekt, bald Verb, bald Adverb. Sie können Sätze kürzen, können Perioden rollen, können ein einzelnes Wort, Substantiv, Adjektiv, Verb, Adverb, einzeln setzen, gerade so können sie außerordentlich nahe an die Realität heran.* Wenn er sich von der *Dinglichkeit* der futuristischen Bilder noch hatte täuschen lassen über den Manierismus ihrer Gestaltung, so erkannte er jetzt deutlich, daß Marinettis Oktroyierung sprachstilistischer Manierismen die Kunstproduktion dem endlos reproduzierbaren technischen Markenartikel angleichen würde. Döblin muß die tief kunstfeindliche Tendenz in Marinettis Manifest gespürt haben, da er gegen Ende des *Offenen Briefes* noch einmal resümiert: *Man erzielt Konzentration und Intensität auf viele Weisen . . . Es gibt keine literarischen Massen- und Universalartikel.*

Noch einmal hat Döblin den syndromatischen, multifaktoriellen Ansatz des Psychiaters Hoche nutzbar gemacht und aus ihm die Regel epischer Gestaltung hergeleitet. In dem *Berliner Programm An Romanautoren und ihre Kritiker*, das den Kernsatz aus *Futuristische Worttechnik, wir sind noch lange nicht genug Naturalisten*, wiederholt. (Der Terminus *Naturalismus* ist den kunsttypologischen Theorien Diltheys und Max Dessoirs entnommen.) *Man lerne von der Psychiatrie, der einzigen Wissenschaft, die sich mit dem seelischen ganzen Menschen befaßt: sie . . . beschränkt sich auf die Notierung der Abläufe, Bewegungen, – mit einem Kopfschütteln, Achselzucken für das Weitere und das «Warum» und «Wie».* Abermals treten Vorzug und Nachteil von Döblins ästhetischen Anschauungen deutlich zutage: der Blick des Arztes und des Epikers ist materialistisch-diagnostisch auf die *Abläufe* in der *entseelten Realität* gerichtet, aber die Anamnese des *Warum* und die Prognose *des Weiteren* bleiben unbearbeitet. Das Verhältnis des *seelischen ganzen Menschen* zu der *entseelten Realität* bleibt eine offenbare Antinomie, ohne deren Vermittlung jedoch Geschichte und Gesellschaft weder künstlerisch noch wissenschaftlich in ihren Prozessen erkannt werden können. Das Programm Döblins war hiermit jedenfalls fundiert und wurde seither nur geringfügig modifiziert. Thomas Mann begann ihm damals als Prototyp der *Schädlinge* zu erscheinen, die *seit einiger Zeit* an *der Epik* arbeiteten (*Bemerkungen zum Roman*). Das *ursprünglich Gemeinte, dieses Simple* seiner Epos-Vorstellung aber hatte sich Döblin aus der Poetik des Aristoteles hergeleitet als die Darstellung *einer lebennachbildenden Handlung*. (*An Romanautoren und ihre Kritiker*)

Döblins *Berliner Programm* war der letzte kritische Beitrag zum

«Sturm». Die Trennung vom Expressionismus war eingeleitet. Die Abrechnung erfolgte mit dem geborgten Pathos eines Lutherschen Traktats, *Von der Freiheit eines Dichtermenschen*, im Juni 1918, erschienen in der «Neuen Rundschau» des S. Fischer Verlags, der im März/April 1914 den *Wang-lun* zur Veröffentlichung angenommen hatte.

Das ganze Ungenügen an *dieser Zeit, die viel, zu viel für Krieg, Wissenschaft, Aeroplane übrig hat* (*Einakter von Strindberg*, 1912), entlud sich für Döblin in einem chauvinistischen Furor bei Ausbruch des Kriegs, August 1914. Er teilte ihn mit der Mehrzahl seiner Generationsgenossen wie Dehmel, Hauptmann, Thomas Mann, Robert Musil, dem gesamten George-Kreis und vielen anderen. *Inmitten eines Krieges stehen wir, der die Ausdehnung und Furchtbarkeit früherer gewaltig übertrifft. Wir erkennen in diesem Krieg noch nicht Sieger und Besiegte, aber schon ist es jedem Vorurteilsfreien klar, daß Deutschland unüberwindlich ist.* (*Reims*, 1914) An dieser These konnte Döblin sogar dann noch festhalten, als unser *wahrhaftes Kaiserreich* in seiner *Machtfülle* zusammengebrochen war, da sich Döblin – wie seine Kollegen – den Anspruch deutscher Suprematie durch einen irrational verinnerlichten *Kultur*begriff erklärte. Der Elitismus seiner Kunstauffassung zeigte in demselben Augenblick seine mörderische Gefährlichkeit, als Döblin ihn – wiederum mangels konkreter politisch-gesellschaftlicher Einsichten – zu einer völkerpsychologischen Kategorie erweiterte und unserm *wahrhaften Kaiserreich – strotzend in seiner Kraftfülle, zitternd vom Überschwang seiner Möglichkeiten* – das Recht der Bombardierung der Kathedrale von Reims ebenso wie den Neutralitätsbruch gegen Belgien attestierte. Gott sei Dank hat Döblin seine Kriegsjournalistik erst im Jahre 1917 fortgesetzt, als sich die Ereignisse und mit ihnen Döblins Einsichten längst zu wandeln begonnen hatten.

Er selbst meldete sich Ende 1914 als Freiwilliger zum Kriegsdienst ohne Waffe und wurde im Dezember als *Landsturmmann*, das heißt als Zivilarzt der Infanteriekaserne in Saargemünd, Elsaß, zugeteilt, wo er sich unter *uns Preußen* darüber wunderte, *daß wir viel zu anständig von den Franzosen denken.* (An Walden, 31. Januar 1915) An dem Zivilstatus lag Döblin wegen des höheren Gehalts. In seiner Ehe war ihm im Oktober 1912 der älteste Sohn Peter geboren worden, und die Geburt des zweiten, Wolfgang, stand im März 1915 bevor. Im Mai 1917 folgte Klaus – im Dezember 1926 Stephan. Seit Erna Döblin mit Peter und dem Neugeborenen nach Saargemünd nachgezogen war, häufen sich in Döblins Briefen die Klagen über *etwas viel kleines Geschrei* (an Walden, 23. März 1915). Und nach der Geburt von Klaus: *Jetzt hab ich drei; was soll daraus werden; ich hab genug; ich bin als Militärarzt angestellt, – nicht aber zur Beseitigung des*

Geburtenrückgangs! (An Walden, 3. Juni 1917) Noch in Berlin hatte Döblin einen zweiten umfangreichen Roman begonnen, seit 1916 schrieb er im Elsaß während des Kriegs den größten Teil seines dritten, des *Wallenstein.*

Döblins zweiter Roman war als *ein Berliner Roman* mit dem Titel *Die Dampfturbine* angelegt, aber *er wurde ganz anders als ich plante (. . . ob ich den zweiten Band, den ich im Skelett und vielen Einzelszenen schon habe, ein schweres Buch, schreibe, weiß ich nicht . . .)* (An Buber, 12. Oktober 1915) Der zweite Plan hieß *der «Ölmotor» als Fortsetzung der «Dampfturbine»* (an Walden, 10. Mai 1915). Aus ihm wurde so wenig wie aus der Darstellung *der Technik* im ausgeführten Band, der eine irgendwie geartete Problematik der *Dampfturbine* nicht behandelt, ja auch nicht den Titel erfüllt, der dem Werk im Druck dann gegeben wurde: *Wadzeks Kampf mit der Dampfturbine. Roman.* (1918)

Der Roman setzt die gesellschaftskritischen Ansätze fort, die in einigen früheren Studien und Skizzen wahrzunehmen waren. Ja, das sogenannte Großstadtthema, mit dem sich dieser *Berliner Roman* befassen sollte, tritt in lebhaften Beschreibungen von Straßenszenen bereits in Döblins erstem Versuch (*Modern*, 1896) und mit den spezifischen Farben des Berliner Jargons als Sprache der Figuren in einer Erzählung hervor, die kurz vor dem Roman geschrieben wurde (*Von der himmlischen Gnade*). Franz Wadzek, der Besitzer einer kleinen Maschinenfabrik, erklärt seinen aussichtslosen *Kampf* gegen Jakob Rommel, den Besitzer einer größeren Eisengießerei und Maschinenfabrik, die mit der Herstellung von *Dampfturbinen* den schwächeren Konkurrenten aus dem Felde schlägt, zu dem «*Kampf des einzelnen gegen das Monopolwesen, gegen das Trustsystem . . . Spätere Jahrhunderte werden diese Sache mit anderen Augen ansehen. – Man kann morden in Deutschland, wenn man nur nichts gegen Herrn Rommel unternimmt*».[54] Allein es blieb für Döblin bei diesem Ansatz, die Basis der Konflikte im Roman zu kennzeichnen. Die Konflikte selbst werden zu einer Mythologie des *Kampfes* an sich aufgebauscht. Die realistische Intrige zwischen Wadzek und Rommel wird sekundär vor dem hypertrophen Innenleben der Figuren, das diese Mythologie in einer unendlichen Bild- und Symbolfülle über die Wirklichkeit projiziert.

Wadzek ist gegen seine Umwelt *so sehr aus dem Kontakt getreten*[55], daß er die *Verschwörung* Rommels (*Erstes Buch*) einfach flieht und sich in einem Vorstadthaus verbarrikadiert. In seinem starren *sich weigern, sich weigern*[56] gegen die Umwelt imaginiert er für sich während der *Belagerung von Reinickendorf* (*Zweites Buch*) eine singuläre Stellung außerhalb der Gesellschaft: *Gesetzbücher reichen an mich nicht heran . . . Ich befehle. Vor einem Kaiser macht das Gesetz halt. Das Kaisertum ist keine vereinzelte Erscheinung auf der Erde.*[57] (Die

Problematik Kaiser/Gesetzlichkeit versus Untertan/Rebell aus *Wang-lun* wirkt hier fort.) Erst das Zerbrechen dieser Starre, *Zu Boden geschlagen und zerschmettert* (*Drittes Buch*), führt Wadzek derselben heilsamen Wandlung zu, die Wang-lun in den Phasen seiner Entsagung erlebte. Statt der selbstentfremdeten Haltungen der *Geringschätzung* gegen sich wie auch des *Größenwahns* will Wadzek nun, da er sich vor Rommel als *Besiegter* erklärt hat, zum ganzen Menschen werden: *Der Eigensinn, genauer der eigene Sinn und das Verstocktsein, die Verbohrtheit. Das sei das Dumme. Lavieren! Lavieren rechts, lavieren links!*[58] In einer ersten Symbolhandlung hat Wadzek dieser Einsicht vorausgegriffen, in der Zerschlagung seines Spiegels.

Von hier ab und durch das ganze letzte Buch, *Man sammelt seine Glieder und geht nach Hause* (*Viertes Buch*), hindurch werden nun Symbole gehäuft, Wadzeks Wandlung und ihre Bedeutung zu illustrieren. Er wird von seiner Frau und deren Freundinnen (die Frauen fungieren als das naiv-kreatürliche Element), die ihren Salon in *etwas Afrikanisches oder Indianisches*[59] umdekoriert haben, rituell bestattet, Stroh und Spiegelscherben bedecken ihn. Dies ekelt ihn. Aber

Döblins Söhne Klaus, Peter und Wolfgang

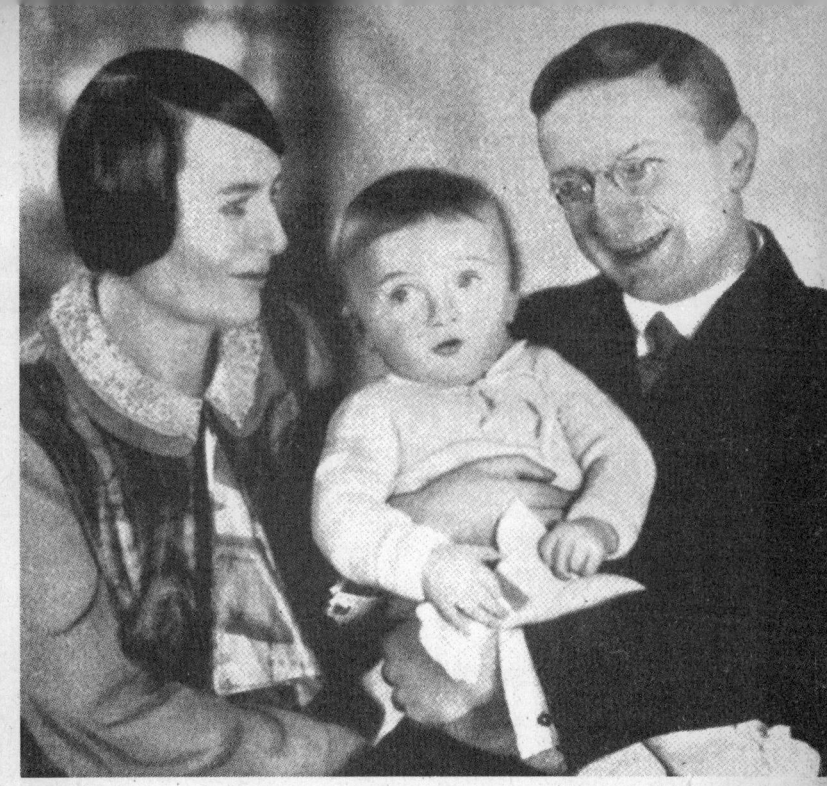

Mit Frau Erna und Sohn Stephan

wenig später kommt er selbst *auf den Einfall, sich tot zu stellen . . . In den Staub, Wadzek, glatt herunter, in den Staub! Zu Dreck sollst du werden. Wadzek.*[60] Diese Initiation in Tod und Auferstehung nach dem Muster totemistischer und christlicher Religionen gibt Wadzek den Gedanken ein, Rommel zu verzeihen. Danach wandelt er, wie Hamlet, sein eigenes Grab zu besehen, wird er, wie Jesus von Maria Magdalena, nach einer Waschung von einer jungen Frau getrocknet, und überhaupt ist Wadzek – wie auch sein Freund Schneemann, *sein Comparativ* – nach Cervantes «Don Quijote» als *Schwächling* konzipiert, der *sich gegen sein Schicksal sträubt* (an Buber, 13. Dezember 1915). Und schon im *Ersten Buch* war in einer physiognomischen Beschreibung Wadzeks eine Anspielung auf Moses nahegelegt. Aber natürlich gewinnen symbolische Konstellationen weder dadurch Gehalt, daß sie nach berühmten Mustern gebaut, noch dadurch, daß sie gehäuft werden.

69

Militärarzt Döblin, 1916

Das Bedeutendste in diesem Roman ist eine aus dem *Anpassungs-prinzip* entwickelte Theorie des Anti-Tragischen, eine behavioristi-sche Theorie gegen den *tragischen Charakter. Tragödien sich anzuse-hen ist eine Lächerlichkeit ... Der Held kann immer nicht. Irgend etwas kann er immer nicht, ohne angeblich, wie man sagt, sein Herz zu zerbrechen.*[61] Wir können vermuten, daß Döblin diese anti-aristoteli-sche Wende unter dem Einfluß der Interpretation des Tragischen in

Hegels «Vorlesungen zur Ästhetik» vorgenommen hat. Hegel hatte versucht, die Grenzen tragischer Kollisionen in der Geschichte zu bestimmen. Döblin hat diese historischen Ableitungen weder im *Wadzek* noch in seinen Theaterkritiken der zwanziger Jahre nachvollzogen. Doch hat er sich Hegels Kritik der modernen Tragödie seit der Renaissance zu eigen gemacht. Denn auch in der modernen Welt – wie erstmals in der griechischen Antike – gehört das Individuum seiner Gesellschaft an, vertritt aber nicht mehr das Pathos des Allgemeinen, sondern seine Zwecke tragen privaten, partikulären Charakter. Das Individuum ist nicht mehr unmittelbarer Träger gesellschaftlicher Kräfte. Es handelt aus der Subjektivität seines Herzens und Gemüts. Der Zusammenstoß substantieller Kräfte, wie ihn die alte Tragödie zeigte, entfällt. Die Entscheidung der modernen Individuen hat nicht substantielle Berechtigung, sondern fällt ihrem besonderen Charakter gemäß. Wadzek demonstriert seine These allerdings am falschen Objekt, an Shakespeares «Macbeth». Das liegt entweder daran, daß Döblin wiederum Hegels geschichtlicher Deutung der Shakespeareschen Tragödie keine Beachtung geschenkt hat oder daran, daß er Shakespeare nicht geschichtlich zu lesen verstand. Denn die Substantialität der Konflikte in Shakespeares Tragödien und Historischen Stücken besteht, wie Hegel (nach Herder) dargelegt hat, in der Kollision der zentralistischen Monarchien mit den Feudalen. Shakespeares Legitimismus setzt Recht und Gesetzlichkeit auf die Seite des Throns. Macbeth und Lady Macbeth erscheinen somit als vertierte C h a r a k t e r e, vor allem sind sie jedoch R e p r ä s e n t a n t e n politischer «Usurpation» und «Tyrannei», die untergehen müssen. Aber die Literatur historisch zu verstehen, ist schwierig, und auch der junge Brecht hat Marlowes «Edward II.» lediglich als Charakter- und Affektenstudie und nicht als Kollisionen der Feudalen mit einem «upstart» und der Krone mit den Feudalen verstanden.

«*Sagen Sie selbst*», so resümiert Wadzek seine Erfahrungen, «*ob ich mich zum tragischen Helden eigne.*» Sein Antagonist, also das *Trustsystem* in der Figur Rommels, «*hätte es gern so gewollt*». Wadzek entzieht sich dem *Kampf*, wetterwendisch nach dem *Anpassungsprinzip*: «*Man braucht nicht den Charakter zu wechseln, man kann auch das Land wechseln . . . Mich wird er nicht zu seinem Macbeth machen.*»[62] Als Brecht diese Schlußpartien des *Wadzek* las, notierte er: «. . . finde darin anklingende Ideen. Der Held läßt sich nicht tragisieren . . . Ich liebe das Buch.» (Tagebuch, 4. September 1920) Wenige Tage vorher hatte er mit dem Plan, «Ekzentrik-Clowns» als Kommentatoren in die Tragödie einzuführen, für sich das technische Mittel ästhetischer Verfremdung neu entdeckt. Auch das während der Lektüre des *Wadzek*.

«Es ist Zeit!» – Linke Poot

«Und endlich ist kein andrer Krieg für Preußen-Deutschland mehr möglich als ein Weltkrieg, und zwar ein Weltkrieg von einer bisher nie geahnten Ausdehnung und Heftigkeit . . . Die Verwüstungen des Dreißigjährigen Kriegs zusammengedrängt in drei bis vier Jahre und über den ganzen Kontinent verbreitet.»
Friedrich Engels, 1887

Nach den raschen deutschen Offensiven im Osten und Westen mit ihren sogenannten Materialschlachten, nach einer strategisch erfolglosen Einkesselung russischer Truppen – von Döblin mit dem Telegramm an Walden *hurrah die russen in der tinte* begrüßt (22. Februar 1915) – waren die Fronten im Westen seit dem Sommer 1915 im Stellungskrieg zum Stillstand gekommen. Das führte in der Einschätzung des Kriegs durch die deutschen Intellektuellen zu einer großen Wende, auch für Döblin. Noch im April 1915 war von ihm eine Erzählung erschienen *Die Schlacht, die Schlacht!*, die man nur unzulänglich erfaßt, wenn man die Technik ihrer Gestaltung (die Darstellung von *Abläufen* wird hier zur hektischen Folge kleinster Segmentschilderungen komprimiert) auf Döblins Auseinandersetzung mit dem Futurismus zurückführt, insbesondere auf seine Bemerkung, daß *man* Marinettis Schlachtschilderungen *noch viel besser machen* könne (*Futuristische Worttechnik*). Damit ist über den Gehalt, und das heißt über Döblins Deutung des Kriegs, gar nichts gesagt. Diese Deutung war keineswegs *besser* als diejenige Marinettis, sie fiel vielmehr in denselben Irrationalismus zurück, der den Krieg nicht als politisch-gesellschaftliches, sondern als elementares Ereignis betrachtete. *Eine Esse, Hammer, Amboß. – Kaputt muß doch alles gehen, es liegt hier so in der Luft. Ran woll'n wir alle an den Tod.*
Doch schon im Sommer 1916 formuliert er plötzlich – nach nur affektiven Anti-Kriegsäußerungen über das *unausdenkbar Brutale des Krieges* (an Walden, 21. September 1915); *Er wächst mir zum Halse heraus* (an Walden, 20. November 1915) – ein politisches Programm, in dem weder einzelne Aspekte des Kriegs partikularisiert noch auch der Krieg ins unbegreiflich Elementare hochstilisiert wer-

den, das vielmehr den Krieg als den Beginn gesellschaftlicher Veränderungen und damit auch als geschichtliches Ereignis begreift, ja, das
aus dem Gegenwärtigen die Linien künftiger Entwicklung herleitet:
... *es kommen keine leichten Jahre* ... *es geht alsdann um die Wurscht
in der inneren Politik, dann fängt erst der Krieg an, der das Resumee
des äußeren zieht, Parole: Deutschland contra Ostelbien, Europa gegen Feudalismus* ... *ich bin gegen Börsianer, Sozialdemokraten,
Agrarier, Litteraten, aber die Reste des Feudalismus in Heer, Bürokra-
tie müssen hin, – auch sie müssen hinter den Njemen und die Düna
zurückgedrängt werden. Damit will ich mir freilich kein französisches
Advokaten-Journalistenregime gewünscht haben.* (An Walden, 10.
Juli 1916) Dieses Programm blieb für Döblin weitgehend bestimmend, sowohl in der Diffusität der Begrifflichkeit als auch in seinem
allgemeinen Gehalt der Negativität, die sich im ganzen auf den anti-
kapitalistischen Nenner bringen läßt. Mehr nicht. Das Positive in
diesem Moment von Döblins Entwicklung war, daß sich ihm der Blick
für die Einheitlichkeit des politisch-historischen Prozesses öffnete,
der ihn den Zusammenhang von *äußerer* und *innerer Politik* und die
Folgerichtigkeit der einen aus der andern erkennen ließ. Auf dieser
Einsicht ruht die Darstellung des Dreißigjährigen Krieges im *Wallenstein,* der damals begonnen wurde.

Döblins *Wang-lun* war im März 1916 ausgeliefert worden, zwei
Auflagen folgten schnell aufeinander. Erik-Ernst Schwabach hatte
Döblin für das Werk den Fontane-Preis zuerkannt. Im Herbst 1916
erwähnt Döblin *Studien und Vorarbeiten zu einer neuen Sache,* dem
Wallenstein, und er läßt sogleich erkennen, wie sehr ihm die Geschichte als Analogie zur Gegenwart erscheint: *Auch der 30jährige
Krieg, der 7jährige hat mit 2 Jahren angefangen!* (An Walden, 16.
November 1916) Die später ausgesprochene Motivation: *Mein Wallenstein entstand völlig aus der Realität. Ich habe einen gemeinen Krieg
durchgemacht. Das gewöhnlichste und älteste Schicksal habe ich in der
modernsten Art dargestellt* [63] (zu Adolf Hoffmeister, 1930), war von
Anfang an gegeben. Welche Einsichten sollte die historische Analogie vermitteln?

Die seit Schillers «Geschichte des Dreißigjährigen Krieges» und
seit Rankes «Geschichte Wallensteins» gültige Einschätzung des
Feldherrn Wallenstein als Träger einer Reichsidee gegen den Partiku-
larismus deutscher Fürsten, gegen die bloßen Hausmachtinteressen
Habsburgs, gegen die europäischen Monarchien und besonders auch
gegen Rom übernimmt Döblin und verschärft sie. Er stellt Wallenstein und sein Heer auf dem Höhepunkt seiner politischen Karriere
(nach dem Frieden von Lübeck 1629 – im Roman wird nicht ein
einziges geschichtliches Datum gegeben) als die revolutionäre Alter-
native zum territorialistischen, ligistischen und religiösen Interessen-

komplex des status quo dar. *Seine Pläne waren gänzlich unbekannt; man wußte nur, daß er vorhatte, das Reich, wie er sich ausdrückte, auf einen sicheren Boden zu stellen.*[64]

Es ist eine Militärdiktatur, die Wallenstein zu errichten beginnt und die zunächst das positive Element eines zentralen Dirigismus zu enthalten, die gegen Kaiser, Fürsten und Papst *Heer* und *Volk* zu einer nationalen Einigung zu führen scheint. Die *Stände*, die Kaiser und Reich Steuern verweigert hatten, werden von *Offizieren Generalkommissaren der friedländischen Armada* beaufsichtigt. *Ein neuartiges herrisches hartes Wesen trugen alle diese Männer zur Schau, die als Offiziere der Armada durch die Städte und Landschaften ritten; gaben an Stolz den eingesessenen Patriziern nicht nach, hatten eine deutliche Nichtachtung gegen die Bürger, ehrten Besitz nicht.*[65] Der *alte Barbarossatraum von dem freien großen deutschen Reiche* bemächtigte sich des Adels, der Patrizier, der katholischen wie protestantischen Gelehrten, ja der *stummen apathischen Massen.*[66] Hier ist von Döblin mit künstlerischer Kühnheit der Höhepunkt der Wallensteinschen Operationen und Pläne mit der für die Geschichte Deutschlands potentiell möglichen Wende zu einem Nationalstaat zusammengesehen. Der nächste Schritt zeigt dann, wie Döblin schon in der Wallensteinschen *Diktatur* das Scheitern der potentiellen Wende und die Folgen dieses Scheiterns in der deutschen Geschichte bis zur Bismarckschen Reichsgründung und zur gegenwärtig erlebten Militärdiktatur Ludendorffs angelegt sieht, wie er also den ersten europäischen Krieg der Neuzeit als Vorläufer des ersten imperialistischen Weltkriegs betrachtet: *Die Dinge aber enthüllen sich. Wallenstein zeigte sein grausiges Gesicht: Ein einiges deutsches Reich, eine einige Knechtung . . . Die Sprache des neuen Herrschers Armut Entrechtung Versklavung.* Mißtrauen zwischen Bauern und Adel, Bauern und Militär entsteht, der Bauern, *die Nachkommen jener stolzen, die vor hundert Jahren zu Tausenden eingekesselt und niedergemetzelt waren.*[67] Damit hat Döblin die Fehlentwicklungen in der neueren deutschen Geschichte über den Dreißigjährigen Krieg zurück in den vom Feudalismus niedergetretenen Bauernaufständen des beginnenden 16. Jahrhunderts wurzeln sehen und über Wallensteins Versagen indirekt auf das politische Versagen Luthers hingedeutet. Dieser Grundriß blieb seither für Döblins Verständnis der deutschen Geschichte maßgebend.

Ein Mann wie Wallenstein hätte etwas leisten sollen. Man konnte noch eingreifen. Er war im Begriff, die Fürstenlibertät zu unterwühlen . . . da erlag er und mit ihm Deutschland: die Fürstenlibertät siegt, der deutsche Untertan ersteht (*Überfließend von Ekel*) – so hat Döblin im November 1920 nach Erscheinen des Romans dessen historisch-politische Konzeption oder doch deren Essenz kommentiert.

So wird Wallenstein *ganz und gar kein Schillerscher «Held»*, sondern Döblin zeichnet ihn als *einen modernen Industriekapitän, einen wüsten Inflationsgewinnler, ein Wirtschafts- und, toller Weise auch, ein strategisches Genie, eine Figur, die nur eine Parallele Napoleons I. zuläßt.* (*Entstehung und Sinn meines Buches «Wallenstein»*, 1930) So wird Gustav Adolf von Schweden zu einem sinnlos kämpfenden Rauhbautz, einer blonden Bestie stilisiert und Urban VIII., auf dem Stuhle Sankt Peters, zu dem profitgierigsten aller auftretenden Potentaten. Was Döblin durch diese Darstellung erreicht, ist die Entlarvung der Religion als Ideologie, die die realen Zwecke der Machtkämpfe zu verschleiern benutzt wird. Der Krieg tritt hervor als das große Geschäft. Und der Hauptgewinnner – *in Rom residierte im goldenen Vatikan ein Panther, Maffeo Barberini, der achte Urban*[68] –, der wissenschaftlich hochgebildete Papst wird als Chefideologe der Geschäftemacherei entlarvt, wenn er seinem Nuntius nach Wien, zur Vorbereitung des kaiserlichen Restitutionsedikts (1629), die Bedenken auf den Weg gibt: «*Die Kirche hat nie frömmere Fürsten gesehen als die deutschen und den Kaiser Ferdinand. Das weiß ich. Aber es wäre schrecklich, wenn sie nicht die Frömmigkeit besäßen. Schließlich rechtfertigt nur der Glaube ihre Entsetzlichkeiten und schamlosen Räubereien.*»[69]

Allein Döblin hat das Geschäft als den realen Zweck des Kriegs nicht konkret motiviert, sondern bei allen Beteiligten durch ihre Begierden, Triebe und Affekte ausgelöst gesehen. Die Reduktion des Individuums zu einem Bündel von Instinkten, die in Wadzeks Behaviorismus-Theorien, ja auch schon in jenem Erlöstwerden Wang-luns durch das Eingehen ins naturhaft Elementare (im Baumsymbol) angeklungen war, ist hier vollzogen.

Das *Berliner Programm*, daß *der Gegenstand des Romans die entseelte Realität* zu sein habe, findet im *Wallenstein* diese Erfüllung: Die Individuen werden nicht – wie in Schillers Drama oder Ricarda Huchs Darstellung des «Großen Krieges in Deutschland» – in den Wechselbezug geschichtlich-gesellschaftlicher Umstände gestellt. Sie treten als Getriebene auf. Von Verantwortlichkeit, Schuld oder Verdienst ist keine Rede, da Döblin in ihnen natürliche *Abläufe* walten sieht. Man muß sich die gewaltigen Schilderungen von Naturvorgängen vergegenwärtigen, um zu erfassen, in welchem Maß Döblin im *Wallenstein* den Kreis menschlichen Tuns einschränkte, ja angesichts der wuchernden Natur aufhob. So werden auch die Exzesse von Grausamkeit und Wollust im Krieg nicht moralisch betrachtet, sondern als Ausbrüche ursprünglicher Triebkräfte erklärt: Die Mannschaften *hetzte die Wildheit, daß sie toll gegen die heimflutenden Bauern rannten, süchtig, selber gemartert zu werden*[70]. Der Krieg wird zu einem ziellosen Gemetzel, seine Führer werden – wie Urban VIII. als *Pan-*

ther, das Reich als *Stier* – durchweg als Tiere geschildert. In den Worten des schwedischen Generals Oxenstirn: *«Es läßt sich schön arbeiten in dem Wald, wo die Bäume laufen und betteln: Holz uns doch ab»*[71], konzentriert sich die Auffassung des Kriegs als Elementarereignis; ja, die mechanistische Deutung drängt sich gelegentlich so stark hervor, daß der Held zu *dieser grausigen Maschinerie Wallenstein*[72] wird.

Hier liegen die Gründe dafür, daß Döblin nach 1945 eine Neuausgabe des *Wallenstein* untersagte: Die mangelnde gesellschaftliche Deutung des Krieges hatte zu seiner Darstellung als einer Naturgewalt geführt, *einer Probe, einer Versuchung, bei der der Mensch, diese unverläßliche Tiergattung, nicht besteht.* (*Entstehung und Sinn meines Buches «Wallenstein»*)

Eine Rezension von Friedrich Burschell hatte Döblin frühzeitig auf diesen Mangel, in Wallenstein lediglich «die unheimliche Vitalität» dargestellt zu haben, hingewiesen. («Der Neue Merkur», 1920/21) Burschell fand den Roman allein gerechtfertigt durch die Gestaltung von Wallensteins Gegenspieler, Ferdinand II., den Kaiser in Wien. «Um dessen Seele geht es . . .» Eine Deutung, die sich Döblin sogleich zu eigen machte, um in einem ersten Eigenkommentar den Roman dadurch zu retten, daß er die Geschichtlichkeit des Stoffes überhaupt leugnete und zum *Zentrum meiner innerlichen Arbeit an diesem Buche «Wallenstein» . . . Ferdinand erklärte. Um dessen Seele geht es.* Gerade die Konzeption des Kaisers aber macht es nun klar, wie wenig Döblin imstande war, den Konflikt eines historischen Kriegs geschichtlich zu deuten oder auch nur plausibel zu machen. Denn wenn in Wallenstein Krieg und Kriegführung sich zu einer *grausigen Maschinerie* völlig veräußerlichen, dann war seinem Antipoden Ferdinand *extensiv kein Mittel* gegeben, eine politische Lösung durchzuführen. Er weicht in das *Nicht-Handeln* von Wang-luns *Wuwei* aus – *wie ein Wundervogel ohne Begierde durch die Käfigstangen den Schnabel steckend –*, seine Geschichte ist die einer ganz abstrakten Verinnerlichung. *Der Thron ging ihn nichts mehr an. Der Kaiser endet in Schauer und Freudigkeit da, wo er enden muß.* (*Der Epiker, sein Stoff und die Kritik*, 1921) Das ist natürlich der Bankrott einer Deutung.

Mitten in die Arbeit am *Wallenstein* fiel die bürgerliche Revolution in Rußland. Fünf Jahre nach dem Aufstand der Goldwäscher an der Neva gegen den Zarismus, sechs Jahre nach der Republikanisierung Chinas, nach zweijährigem Erleben *von elementaren dumpfen Dingen, deren Wirkung ich nicht erkennen konnte*[73], war Döblin sofort bereit, den Sturz Nikolaus' II. im März, die Bildung der Regierung Kerenski im Juli 1917 als die große Wende zu begrüßen: *Jetzt will der Krieg seelisch werden.* Döblins Begrüßungshymnus *Es ist Zeit!* erschien im August in der «Neuen Rundschau». Er war durchtränkt vom Geist der Menschewiken. Er sah in der Revolution das Phänomen *Geist will sich lebendig in Geist brennen* und deutete sie als die Erfüllung der *Literatur der jüngeren und älteren Russen* (vornehmlich Tolstojs und Dostojevskijs), die seinem *Gefühl nach ganze Klassizitäten anderer Völker in Schatten* stellte. Für Deutschland erwartete er ein direktes Überspringen des revolutionären Funkens, da er die – damals verbreitete – demagogische Auffassung: *Der Krieg hat eine Volksgemeinschaft geschaffen, wie die langen Friedensjahre nicht,* auch jetzt noch vertritt. Ein Licht aber wirft der Hymnus auf die historischen Pläne, die Döblin vor dem *Wallenstein* erwogen hatte, ebenso wie auf die Intention des *Wang-lun,* wenn Döblin in *diesen* «russischen» *Ideen* ein ewiges idealistisches Movens der Geschichte wiedererkennt: *. . . sie sind ja überall und immer aufgetreten, wo der lebendige Menschengeist sich Bahn brach durch körperlich schweren, entseelten, unleidlichen Widerstand . . . Wenn die Menschheit sich verjüngen will, badet sie in diesem Brunnen.*

Den Gedanken *Wir werden im Osten weiter siegen, uns ausdehnen* (an Walden, 12. Januar 1917) hatte Döblin also fallenlassen. Aber sein Patriotismus hielt ihn doch an, an der Überlegenheit Deutschlands festzuhalten. In seiner letzten öffentlichen Äußerung zur Kriegssituation im Februar 1918 richtet sich dieser Patriotismus nun ausschließlich gegen die westlichen Alliierten, *diese verächtlichen Füchse.* Döblin weist sie als Vorbild für eine Neuordnung des deutschen Staates als unfreie *Pseudodemokratien* ab und verspricht: *Wir, wir ringen in unserem Land nach Demokratie.* Aber dieses Ringen malt sich in seinem Kopf als untergeordnet den Gehorsam-, Pflicht- und Treuegelöbnissen, die sämtliche bürgerlichen Parteien während der Kriegsjahre abgegeben hatten und führt ihn zu dem absonderlichen anderen Versprechen: *Wir werden Ruhe, absolute Ruhe im Innern haben . . . wir werden selbst in unseren Reihen, in den Häusern, auf den Straßen diejenigen massakrieren, die nur einen Hauch von Friedensgesinnung dann äußern.* Ein kämpferisches Programm, aber antirevolutionär, mit dem frommen Wunsch als Resultat dieser *Besinnung: Demokratie soll die natürliche Wohnung der Humanität sein.* (*Drei Demokratien*) So zwiespältig vorbereitet trat Döblin an die Ereignisse in Deutschland im November 1918 heran.

In Rußland war inzwischen Kerenski gestürzt worden. Der *gewaltige Lenin* (*Himmlisches und irdisches Theater*) hatte im Frühjahr 1917 den taktischen Leitsatz «Alle Macht den Sowjets» ausgegeben und so die politische Macht der Bolschewisten mit den unmittelbar demokratisch revolutionären Kräften der Arbeiter, Soldaten und Bauern verbunden. Die erste proletarische Revolution des 7. November 1917 hatte gesiegt, und die Sowjet-Union hatte auch außenpolitisch den

Lenin. «*Er hat Gewalt geübt, und es ist unwahrscheinlich, daß er die Menschenart gebessert hat. Aber einer Masse von Menschen ist Gerechtigkeit widerfahren und eine Schmach ist weniger auf der Welt.*»

Völkern den Eintritt in einen neuen Abschnitt der Geschichte angezeigt. Der Rote Oktober Rußlands wurde für die deutschen Matrosen, Soldaten, Arbeiter und Bauern das Vorbild ihres Kampfes für Frieden und für die eigene Revolution, deren Inhalt seit dem großen Januarstreik 1918 viele von ihnen als Beendigung des Krieges und Absetzung der Fürsten und nicht als politisch-ökonomische Umwälzung verstanden. Döblin erlebte ihre Anfänge vom 9. bis 12. November im elsässischen Hagenau; und zwar mit der Verstörtheit desjenigen, dem Umwälzungen zwar denkbar und wünschbar, aber in der Tat verdrießlich sind. Ihn bekümmern Plünderungen, *was hat das mit dem Wesen der Revolution zu tun*; ihn bekümmert Deutschlands *anrüchiger Waffenstillstand* (am 11. November); *Wie sind wir gestürzt.* Aber zugleich bekennt er sich lachend gegen die nationalen Farben *blau-*

78

weiß-rot, schwarz-weiß-rot zur internationalen Farbe *bloß noch rot und dann nochmal rot und dann nochmal rot* (*Revolutionstage im Elsaß*) – ein Bekenntnis, das er in dieser Metapher bis in den Dezember, als die politische Entwicklung in Deutschland seine Hoffnungen schon im tiefsten erschüttert hatte, hinüberrettet: *Machen Sie bloß nicht in «demokratische Partei»! Ich bekenne als Farbe blutrot bis ultra-violett!* (An Efraim Frisch, 23. Dezember 1918)

Am 20. November traf Döblin in Berlin ein. Der am 10. November von den Berliner Arbeiter- und Soldatenräten gewählte Vollzugsrat der Groß-Berliner Arbeiter- und Soldatenräte, der am 12. November die preußische Regierung ernannt hatte, übertrug am 21. November dem Rat der Volksbeauftragten die Exekutive. Aber schon zwei Tage später wurde die Frage, die über Leben oder Tod der demokratischen deutschen Republik entschied, ob nämlich das Rätesystem auch den bürokratischen Apparat des Staates beseitigen werde, dadurch mit Nein entschieden, daß der Vollzugsrat auf die Kontrolle der Reichs- und Militärbehörden verzichtete. Gerade aber das Rätesystem und seine Vollzugsgewalt wurden für Döblin der konkrete Punkt, an dem er sein republikanisches Konzept festmachen konnte. Er hatte jetzt den imperialistischen *Krieg* als *ein Mittel, ein heroisches, des – sozialistischen Prozesses* erkannt. Er erklärte sich öffentlich gegen die alten Mächte der *Feudalen* und *Klerikalen*, gegen den *Opfer heischenden Moloch: der Unternehmer*, für *Sozialismus, Demokratie* als die Mächte der *Gerechtigkeit, Freiheit und sittlichen Besinnung*. Und er stellte jetzt – die Klassenfrage wie auch das Problem der Organisation des Proletariats beiseite lassend – das Postulat: *Kein Parteiprogramm mehr*, ein für allemal für sich auf. (*Die Vertreibung der Gespenster*)

Revolution darf zu keiner Zeit ruhen, war Döblins Resümee zu Ende des Jahres 1918. Aber schon im Frühjahr 1919 mußte er feststellen, es sei ein *Mythos, eine Zeitungsphrase: in Deutschland sei eine Revolution ausgebrochen*. (*Neue Zeitschriften*) Tatsächlich hatte die Regierungspartei, die SPD, lediglich die Spitzenfunktionen der neuen Regierung übernommen und den gesamten ausführenden Apparat der Verwaltung, Justiz, des Militärs und des Erziehungswesens in den Händen alter kaiserlicher Berufsbeamter belassen. Döblin sah sich *Deutschland* als *kaiserliche Republik* etablieren. (*Kannibalisches*) In diesem Frühjahr wächst seine Rebellion gegen das *Dogma vom heiligen Staat* dermaßen, daß er seine Sympathien für die Anarchisten und Syndikalisten ausspricht. (*Neue Zeitschriften*, Mai 1919) Nach dem Erlebnis des gesamtdeutschen Generalstreiks im März 1919, der der Regierung das Zugeständnis verfassungsrechtlich gesicherter Betriebs- und Wirtschaftsräte abzwang und dem auf Grund von Noskes Standrechtsbefehl zahllose Erschießungen Streikender gefolgt waren, stellt er die Formel auf: *Das Gesetz des Staates darf nicht wiederherge-*

stellt werden durch den kecken Bruch des natürlichen Anspruchs auf Recht. (*Kannibalisches*)

Damals begann Döblin unter dem Pseudonym Linke Poot seine Glossen zur Zeitgeschichte zu schreiben. *Kannibalisches* erschien im Juni 1919 als die erste von ihnen in der «Neuen Rundschau»; bis Februar 1920 folgten allmonatlich weitere, im Mai 1921 die letzte. Als der größere Teil von ihnen unter dem Titel *Der deutsche Maskenball* im selben Jahr als Buch erschien, war Döblins unmittelbare Teilnahme am politischen Zeitgeschehen bereits erlahmt. Tucholsky nahm in den Glossen «eine ganz neuartige Sorte Witz wahr». («Die Weltbühne», 1922) Döblins Schulfreund Moritz Goldstein erkannte zutreffender, daß in den Glossen, «zugestandenermaßen, ja und nein nebeneinander gesagt» wurde; «Das erleichterte natürlich den Witz». («Vossische Zeitung», 29. Januar 1922) Daß dieser Witz seine soziale Funktion gerade unter bürgerlich Liberalen aus dem Hinter-den-Ereignissen-Herlaufen, aus ihrer retrospektiven Entlarvung und Entwertung bezog, dessen waren sich weder der Autor noch seine Leser und Rezensenten bewußt. Gerade dies aber zeigt sich an dem einzigen konkreten politischen Programmpunkt, der in den Glossen auftaucht: dem Rätegedanken. Döblin realisierte ihn, als nach dem Zusammentritt der Nationalversammlung (6. Februar 1919) durch die nun parlamentarisch vertretene Mehrheit der bürgerlichen Parteien zunächst den Soldatenräten, dann den Arbeiterräten Rechtsgrundlage und Vollzugsgewalt entzogen wurden. *Die kommunalen Arbeiterräte werden abgeschafft, weil sie, he, weil sie, hihi, weil sie, ich kann's noch immer nicht sagen, hohoho, ihre Aufgabe erfüllt haben, nachdem die Demokratisierung der Verwaltung durchgeführt ist, hahaha.* (*Dionysos*) So höhnte Linke Poot im Juli 1919. Im Januar 1920 faßte Döblin seine Erfahrungen dieser Jahre zusammen: *Wenn die revolutionäre Bewegung der letzten Jahre etwas von wahrhaft demokratischem Charakter hervorgebracht hat, so den Rätegedanken. Rascher als die Parteiführer haben ihn die Massen aufgegriffen . . . Räte: das ist die Selbsthilfe der Massen gegen die autokratischen und dazu fremden Behörden.* (*Republik*) Mit dieser einen Position schloß sich Döblin faktischen Überlegungen Karl Liebknechts an, der – noch ohne das Vorbild der Sowjets – gegen die «B e r u f s bureaukratie» für «eine revolutionäre Politik des Proletariats» die Forderung erhoben hatte: «Die Erziehung der Massen und jedes Einzelnen zur geistigen und moralischen Selbständigkeit, zur Autoritäts-Ungläubigkeit, zur entschlossenen Eigen-Initiative, zur freien Aktionsbereitschaft und -fähigkeit, bildet die einzige sichernde Grundlage für die Entwicklung einer ihren historischen Aufgaben gewachsenen Arbeiterbewegung überhaupt, so die wesentliche Voraussetzung für die Austilgung der bureaukratischen Gefahren.» («Meinungsverschiedenheiten in der deutschen Sozialdemokratie», 1916) Doch schon einen Monat, nachdem Döblin sich endlich die Frage, wie denn eine sozialistische *Demokratie* zur *natürlichen Wohnung der Humanität* werden solle, über die bloße Ablehnung des Parlamentarismus und Bürokratismus hinaus mit der Zustimmung zu der Organisationsform der Räte geklärt hatte, war in der deutschen Geschichte die politische Rätebewegung gestoppt und in die Partikularisierung zurückgedrängt worden. Und nur gelegentlich konnte Linke Poot noch einmal – mit Blick auf die die Räte ablösenden «Aktionsausschüsse für den bewaffneten Kampf» im mitteldeutschen Industriegebiet – bemerken: *bei Halle . . . regiert Lenin.* (*Hei lewet noch,* Mai 1921)

Auch seine außenpolitischen Gesichtspunkte waren Döblin durch die Ereignisse der Jahre 1917/18 zurechtgerückt worden. Schon zur Zeit des Waffenstillstands, noch vor Abschluß des Versailler Vertrags begann er, Deutschlands Stellung unter den Völkern mit neuer Besonnenheit zu bedenken. Im Dezember 1918 hatte Richard Dehmel einen nationalistischen, ja völkischen «Warnruf» als «Kundgebung deutscher Dichter» verfaßt und sechzig Berufskollegen, unter ihnen auch Döblin, zur Unterschrift zugesandt. «Die Welt des sozialen Geistes», so hieß es darin, «geht unter, wenn der Triumph der fremden Plutokratie uns zur Verelendung verdammt; der geplante Völkerbund wird zur Räuber-Innung, der Friedenskongreß zum Sklavenmarkt.» Döblin war schon damals fähig, solchen Kategorien neue, fruchtbarere entgegenzusetzen. Indem er seine Unterschrift verweigerte, fügte er erklärend hinzu: *Sie werden verstehen, daß ich ganz und garnicht im Stande bin, mißachtend von «der Katzbalgerei» unserer «Revolutionsmänner» zu sprechen, oder von «Räuberinnung» des Völkerbundes etc, das bläst m. E. alles aus dem falschen Loch . . .* Dann folgt als welthistorische Betrachtung die eigentliche Begründung seiner Absage: *Ich zweifle aber nicht, wohin ich mich bei dem eben beginnenden Endspurt zwischen Sozialismus und Imperialismus zu stellen habe . . .* (An Dehmel, 15. Dezember 1918) – Übrigens verweigerte auch Heinrich Mann seine Unterschrift, während Thomas Mann die seine gab.

Die Polarisierung der Fronten hatte begonnen. Mochte statt der mittelalterlich-feudalen Parole des «Burgfriedens» während des Weltkriegs nun die Parole des «Klassenfriedens» ausgegeben sein, die Klassenlage verschärfte sich weiter. Und durch den Blick auf Rußland, den kein innerdeutsches Ereignis zu verstellen imstande war, auch das Bewußtsein von ihr. Der gesamte Bereich der Ideologie wurde in den Polarisierungsprozeß gezogen. Musik, Kunst, Literatur und Philosophie nahmen die Auseinandersetzung mit dem Sozialismus auf. Unter den älteren bürgerlichen Schriftstellern war Döblin mit Heinrich Mann und Carl Sternheim einer der ersten, die sich nicht nur der Auseinandersetzung stellten, sondern auch ihre Haupttendenz verstanden und ihr Verständnis als aggressives, polemisches, reflexives Element in die bisherige aussichtslose Art des Öffentlichkeitsbetriebes einbrachten.

Seiner Skepsis zum Trotz – die Glossen Linke Poots bezeichnen Schritt für Schritt die Geschichte der Desillusionierung eines begeisterten Gefühlssozialisten –, seiner Einsicht im September 1919 zum Trotz: *Wie lebenschaffend wäre die mächtige liebevolle republikanische Gesinnung. Zu spät* (*Die Drahtzieher*) bleibt es für Döblin für die Jahre der Weimarer Republik bei der allgemeinen Forderung:

Freunde der Republik und Freiheit. Herüber nach links. An die Seite der Arbeiterschaft. (*Republik*)

Spekulationen
über Natur und Geist

« . . . ich kehre hiermit zu dem zurück, was ich vorhin bemerkt habe, daß die Philosophie, weil sie das Ergründen des Vernünftigen ist, eben damit das Erfassen des Gegenwärtigen und Wirklichen, nicht das Aufstellen eines Jenseitigen ist, das Gott weiß wo sein sollte, – oder von dem man in der Tat wohl zu sagen weiß, wo es ist, nämlich in dem Irrtum eines einseitigen, leeren Räsonnierens.»
Hegel: «Vorrede. Grundlinien der Philosophie des Rechts» (1821)

. . . der Marasmus der «N[euen]. R[undschau].» ist unaufhaltsam; ich ging, weil ich in der Koalition nichts durchsetzen konnte und plein pouvoir mir aus Angst vor «Radikalismus» versagt wurde. (An Efraim Frisch, 23. April 1920) Döblins engere Zusammenarbeit mit dem Herausgeber der Zeitschrift, Oskar Bie, und den Lektoren des Fischer Verlags, Oskar Loerke und Moritz Heimann, hatte nur ein halbes Jahr gedauert. Sein engagierter *Radikalismus* flaute unter der *deutschen pythagoreischen Demokratie*[74] ab; der erste Rechtsputsch, die Besetzung Berlins, die Flucht des Reichspräsidenten und der Regierung nach Dresden, dann nach Stuttgart, wurde von Döblin als endgültige *Demaskierung*, als *eine richtige Entlarvung* der Republik gesehen (*Der deutsche Maskenball*, Mai 1920), ihr *Sozialismus* als *eine Angelegenheit der Produzenten unter sich* erkannt (*Zwischen Helm und Zylinder*, August 1920) und seit dem April 1920 der Weg in eine erkenntnisfeindliche Verinnerlichung eingeschlagen: *Ich halte still vor allem Geschehen, wenn ich mich ganz besinne, und merke, daß ich zu nichts die Zunge bewegen kann . . . Wer weiß wie alles ist. Das Geheimnis der Körper, der Wärme, des Lichts, der Triebe, des Kosmos. Es heißt warten. Noch lange nicht reden. Vielleicht anbeten.* (*Der rechte Weg*, April 1920)

Döblin hatte sich zu Anfang des Jahres 1919 als Kassenarzt in Berlin O, Frankfurter Allee 340, niedergelassen. Die sozialen Erfahrungen blieben hier dieselben wie vor dem Krieg. *Ich fand meine Kranken in ihren ärmlichen Stuben liegen; sie brachten mir auch ihre Stuben in mein Sprechzimmer mit. Ich sah ihre Verhältnisse, ihr Milieu; es ging alles ins Soziale, Ethische und Politische über.* Döblins

Einkünfte blieben gering. Aber er stellte *die Praxis* jetzt weit über die *medizinische Wissenschaft* und trat insbesondere für die Form der *Kassenpraxis* gegenüber der *Privatpraxis* ein. *Die Kassenpraxis – ich spreche es aus – ist die natürliche, dem Arzt angemessene, weil sie einfach und anonym Arzt und Patient gegenüberstellt und das Finanzielle aus dem Spiele bleibt.* (*Arzt und Dichter*) Er war 1921 nach dem Hallenser Parteitag der USPD zur SPD übergetreten, der er bis 1927 angehörte. Der Revisionismus Bernsteins und Kautskys begann Döblins gesellschaftstheoretische Überlegungen noch vor der Inflation und der französischen Ruhrbesetzung zu beeinflussen. Und diese Wende ging Hand in Hand mit der enttäuschten Abwendung von der gesellschaftlichen Praxis überhaupt. An ihre Stelle trat nun die Betrachtung der *großen Natur*. *In mir habe ich diesen Hang zu der ausgebreiteten stummen organischen und anorganischen Natur erst seit ein paar Jahren bemerkt, entdeckt; der Hang führt mich stark in mystische Gefilde . . .* (An Wilhelm Lehmann, 1. September 1923)

Daß dieser *Hang* nicht allein auf Döblins politische Resignation folgte, sondern aus seinem mangelnden polit-ökonomischen Verständnis von Gegenwart und Geschichte konsequent hervorging, ist von Döblin in dieser Kausalität nicht erkannt worden. Aber er hat doch zwischen Gesellschafts- und Naturbetrachtung gleich zu Anfang seiner Spekulationen eben den Zusammenhang als Antagonismus hergestellt, der uns die Dialektik dieser Wende erkennen läßt. *Man bedenke das wahrhaft dumme belanglose Hin und Her innerhalb der Menschengesellschaft. Wie überlegen ist diesem oberflächlichen Plätschern und Ablösen die tiefinnere Verwandtschaft und Angliederung an Salze, Säuren, Alkalien, Metalle. Diese wahrhaft reale und durchgreifende Verwandtschaft . . . Darum ist man nicht diese halbkomische bürgerliche Figur, die froh ist ihren Rock zu tragen, sondern ausgebreiteter, ernster und zugleich dunkler, anonymer.* Dies ist der Umriß seines neuen Weltverständnisses, das Döblin zuerst im April 1922 in dem Aufsatz *Die Natur und ihre Seelen* skizziert. Fünf Jahre später bildet es die Basis der *Betrachtungen über die Natur und das Ich*, die Döblin unter dem Titel *Das Ich über der Natur* als Buch herausgab. Ja, in den Jahren der Präsidialdiktatur der Weimarer Republik griff Döblin im letzten Werk, das er vor der Flucht in Deutschland veröffentlichte, *Unser Dasein*, wiederum auf seine «vitalistische Ontologie» (Walter Muschg) zurück: *Ich sage Ihnen, was vor Sie tritt, ist mehr Wahrheit als wenn Sie erfahren, ein Schiff ist untergegangen, und die Japaner rücken in der Mandschurei vor.* Döblin zählte seine Ansichten offenbar zu den *größeren und sehr großen Wahrheiten . . . Sie werden gefunden durch Denken.*[75] (*Vorspruch* zu *Unser Dasein*)

Um *Denken* mit den ihm eigentümlichen Akten der Klärung der Voraussetzungen, des Schließens und Folgerns handelt es sich in all diesen Versuchen Döblins keineswegs. Als er die Herausgabe von *Die Natur und ihre Seelen* und ein, zwei andere Versuche zunächst als *ganz kleine Broschüre* plante, sprach er denn auch viel sachgerechter aus, daß er hier *nur (garnicht systematisch und wahrscheinlich auch oft unlogisch) ein Gefühl aus*drücken werde, *das ich habe vor dem sogenannt Toten und Anorganischen* (an Mauthner, 28. September 1922). Dieses *Gefühl* besteht in der Annahme: *Mir ist keine seellose Materie bekannt.* Diese Annahme wird dann zu weiteren Aporien erweitert: *Sicher weiß ich, daß Koffein, Wasser, Stickstoff, wie jeder chemische Körper, wie Kupfer, Aluminium aufs innerste beseelt sind, nicht anders wie das Ich, die Pflanze, das Tier.* (*Die Natur und ihre Seelen*) Das *Gefühl* also, das Döblin zu beschreiben versucht, ist nichts anderes als der Animismus Primitiver, der in den Formen von Mythologien und Religionen so lange den Platz des Denkens einnehmen kann, bis die wissenschaftliche Erkenntnis die Annahme durch Einsichten zu ersetzen vermag.

Die Absicht bei all diesen Spekulationen war seit dem *Wang-lun* dieselbe geblieben: *Reinigung der Gesellschaft wäre nötig.* (*Buddho und die Natur*) Ja, die Tendenz, gegen das *Gewinnen, Besitzen* der kapitalistischen Gesellschaft in unvermittelter Weise *die starke Lebenskraft von Himmel und Erde* zu setzen (*Wang-lun*) und also die Lösung gesellschaftlicher Konflikte durch ihre bloße Transzendierung anzugehen, wurde nun in der krassesten Weise weiter befolgt und in Lehrsätze gekleidet: *Auslöschen des ephemeren «Ich» . . . Fertigsein für den Rückstrom in die anorganische anonyme Welt.* (*Buddho und die Natur*) – *Es ist sicher, wir sind Tiere und Pflanzen.* (*Die Natur und ihre Seelen*) Bereits seit dem Revolutionsjahr 1919 drängen sich in Döblins Unvermögen, die gesellschaftlichen Vorgänge zu erklären, biologische Erwägungen, mit deren Hilfe er die Reduktion des Menschen zum *Tier* vornimmt. Im Zusammenhang mit seiner Propagierung des Stirnerschen Anarchismus fällt die *schmerzhafte Randbemerkung: neben der Ethik gibt es auch Biologie. Wie sieht alles von da aus, Krieg, Revolution, Friede? Was nämlich Chingiskan anlangt und den Menschen als Tierart.* (*Neue Zeitschriften*) Linke Poot nennt gelegentlich die *träumende Masse . . . «sein liebes Tier»,* was *das größte Lob dieses Atheisten ist.* (*Die Drahtzieher*) Gegen *die Religion* findet er es *zehnmal besser, exzessiv für Biologie und Naturwissenschaft zu leben und wie Häckel zu verblöden.* (*An die Geistlichkeit*) Und endlich erfolgt der Salto mortale, mit dem *die Biologie* unvermittelt in die Gesellschaftskritik und Ethik verflochten wird: *Die heutigen Staatsformen und Gesellschaftsbedingungen in Europa sind unbeständig . . . Sie züchten biologisch keine Tugenden.* (*Der Knabe bläst ins Wunderhorn*)

Hier hat der Irrgang in die «vitalistische Ontologie» seinen Tiefstand erreicht. In einem seiner sehr wenigen konkreten Programme zur Revolution gibt Döblin die Anweisung: *Die Verteilung von Erträgnissen ist zu organisieren nach differenzierten Normen, und dies ist eine der wichtigsten Erwägungen, wobei Sittlichkeit und biologische Züchtungsgedanken mitzusprechen haben.* (*Die Vertreibung der Gespenster*) Zur Sexualhygiene erfolgt das Diktum: *Zwang ist gut, Züchtung ist gut. Aber es muß möglich gezwungen und gezüchtet werden. Menschenmöglich.* (*Aphrodite*) Döblin folgt hier seinem psychiatrischen Lehrer Hoche noch einmal, und wenn wir ihn auch nicht dessen These, daß schweres «schicksalhaftes Kranksein» als «lebensunwertiges Leben» zu betrachten sei, vertreten sehen, so hat er doch seine rassistischen *Züchtungsgedanken* geschichtspessimistischen und entwicklungsfeindlichen Grundvorstellungen zugeordnet wie Hoche. In der nachrevolutionären Phase, als er, dementsprechend, Spenglers zyklischer Geschichtsmorphologie zustimmt, beklagt er die *ungeheuerliche Anbrüchigkeit*, den *Domestizierungsprozeß* der *in Europa siedelnden Menschenrassen.* (*Revue*)

Man muß mit Widerstreben bemerken, daß Döblin seine ehemalige Assimilation an den preußischen Untertanen in den ersten Jahren der Republik dadurch überbietet, daß er sich nun, da er weder *alte Obrigkeit* noch *neue Untrigkeit*[76] zu respektieren vermag, in die Assimilation an die reaktionärste der bürgerlichen Ideologien flüchtet: den Antisemitismus. Zwar erkennt er partiell und momentan dessen irreleitende Funktion, wenn er auf der Straße zwischen den *Utensilien der Monarchisten* und *wonnigen Hakenkreuzen* ein *«Der Jude, haut den Juden!»* erlebt (*Überfließend von Ekel*). Aber so tief sind in ihm die Affekte gegen die eigene doppelt und dreifach niedergedrückte Herkunft mächtig, daß er (als Linke Poot) den zeitgenössischen *Nebukadnezar* herbeiwünscht, der *das jüdische Idol des auserwählten Volkes . . . nicht nur niederschmeißt, sondern in die aufsaugende Erde einwühlt* (*Hei lewet noch*); daß er (ebenfalls unter dem Pseudonym) die Assimilation *des westlichen Juden* nicht als den Prozeß ökonomischer und kultureller Integration, sondern in zwei gegensätzlichen Positionen als biologischen Vorgang und – wenn das auch ironisch gebrochen sein mag – als monetäre success story faßt: *Zwei bis drei jüdische Generationen ohne Druck produzieren völlig unschädliche Sprößlinge, die denen der Wirtsvölker in nichts nachgeben. Ergo: man lasse die Juden im Westen reich werden und sie werden bald ausgerottet sein.* (*Revue*) Die autobiographischen Äußerungen Döblins über seinen unter *nordischen Akklimatisationseinflüssen* ausgebildeten *Langschädel* usw., über den *nordischen Anpassungstypus* seiner Söhne (*Erster Rückblick*) erscheinen hiernach nicht als beliebig, sondern in dem grellen Licht einer falschen Theorie, die auf dem Boden fehlentwickelter Gesellschaftsverhältnisse wirksam werden konnte. Döblins dichterisches Hauptwerk dieser Jahre ging ganz aus dem negativen Erlebnis der deutschen Fehlentwicklungen nach 1918 hervor.

Ich liege eben über einem neuen größeren oder großen Opus, das gut fortschreitet. Es ist die Entwicklung unserer Industriewelt bis auf etwa 2500; eine völlig realistische und ebenso völlig phantastische Sache. (An Efraim Frisch, 2. November 1921) Döblin hatte einen utopischen Roman begonnen, *Berge Meere und Giganten,* der nach knapp zweijähriger Arbeit im September 1923 abgeschlossen, 1924 veröffentlicht wurde – eine riesige, gewalttätige, sprachkräftige Phantasmagorie, aber mit einem happy ending von bestürzender Dürftigkeit. Am Anfang steht das Überhandnehmen der Technomanie, die Hypertrophie des wachsenden Hirns, das Nachlassen der Fruchtbarkeit der weißen Rasse, ihre Vermischung mit *Strömen dunkler grauer schwarzer brauner Menschen,* die in dem *Imperium London – Neuyork* eine *Erschlaffungsperiode* zur Folge hat.[77] Die *Industrieherren* beseitigen die Regierungen ihrer Länder, die multinationalen Konzerne, die *Besitzer der Werke – begannen, mit der Verbreitung bestimmter Kenntnisse anzuhalten . . . Man zerstückelte die Disziplinen, um keinem, der nicht bestellt war, eine Übersicht zu gestatten.*[78] Die Sklaverei wird eingeführt. Es ist *die Zeit der hinsterbenden Mannesgewalt.* Die Matriarchatstheorien Johann Jakob Bachofens werden zur Idee der *Herauszüchtung* überlegener, unersättlicher Frauen mobilisiert. (*Erstes Buch. Die westlichen Kontinente*) Zu Ende des 24. Jahrhunderts erfolgen *erste Verzweiflungsschläge gegen die Maschine.* Im 25. Jahrhundert wird unter *dem starren großartigen Zwang der Technik und ihrer bestrickenden Wirkung auf die Massen* eine elitistische Gesellschaftstheorie nach dem Muster der *sehr großen Zweckmäßigkeit und des fast maschinellen Zusammenarbeitens in den Tierstaaten* entwickelt.[79] Der aus den Utopien Aldous Huxleys, E. M. Forsters und George Orwells bekannte Abbau gesellschaftlicher Vermittlungen, die Reduktion gesellschaftlicher Fragen zu Fragen einer positivistisch verstandenen Genetik, Psychologie oder Biologie ist hier bereits vorgenommen. Der Vorgang ist motiviert durch die seit Schopenhauer und Nietzsche auch ideologisch fundierte Anschauung vom *bekannten ganz ziellosen Schaukeln der Weltgeschichte*[80]. *Der Indianerabkömmling Surruv in Edinburg,* einer der großen Gesellschaftstheoretiker des 25. Jahrhunderts, trägt Döblins eigene Erkenntnisse aus der nachrevolutionären Phase der Weimarer Republik denn auch mit aller wünschenswert deutlichen Feindlichkeit gegen die Geschichte vor: *. . . es bliebe den Menschen nichts weiter übrig als Einzeltier oder vegetative Masse zu werden. Das Einzeltier sei unmöglich. Bliebe nur die vegetative Masse. Damit sei gegeben: Aufhören der Geschichte, Sicherheit der Art Mensch. Er dachte das durch staatliche Züchtung über Jahrhunderte fortgesetzt, durch biologische Eingriffe, besonders*

Ernährung zu erreichen.[81] Indessen stürzen sich die östliche und westliche Hälfte der Welt in einen Krieg, dessen Ausgang keinerlei Resultate bringt. (*Zweites Buch. Der uralische Krieg*) *Einzeltiere* als mächtige Herrschergestalten treten nun mit ihren Liebesaffären, die Geschlechterkämpfe sind, hervor. (*Drittes Buch. Marduk*) Die erschöpfte Menschheit barbarisiert ihre Gewohnheiten und dehnt sich in die unbesiedelten Gebiete Asiens aus. *Die uralte Erde lag da, atmete, empfing . . . Es gab noch alles.*[82] (*Viertes Buch. Die Täuscher*) Asiaten beherrschen Nordamerika, Afrikaner Europa. (*Fünftes Buch. Das Auslaugen der Städte*) Die Döblinsche Geopolitik entwirft nun die Gewinnung der Arktis (*Sechstes Buch. Island; Siebentes Buch. Die Enteisung Grönlands*) Die technologische Utopie wird zur Apokalypse. Mit *Turmalinschleiern* getragen von *Ölwolken* werden die vereisten Gegenden berannt, so erfolgreich, daß sich unter der neuen Energie Saurier und andere Fossilien beleben, die anorganische Materie lebendig wird, das Leben sich in ungeheuren Mutationen zu der Supermacht rüstet, die nun *nach Süden Osten Westen* gegen das Menschengeschlecht anrückt. Ein Superherrscher, Delvil, überhebt sich in seinem alttestamentarischen *Haß* auf *diese Welt, diese Erde* dermaßen, daß er sich der *Turmalinschleier* bedient, neue *Unwesen* zu schaffen: *Man hatte Steine und Stämme zusammengehängt und sich vermählen lassen. Wie sie unter dem Feuer der Strahlungen ins Wachsen gerieten und bevor sie erloschen, schüttete man wie auf glimmende Kohlen Schichten Tierleiber Pflanzen Gräser auf sie. In diesen Boden trug man zuletzt Menschen ein.*[83] Man baut *Turmmenschen.* (*Achtes Buch. Die Giganten*) Zwischen diesen Döblinschen Züchtungsresultaten beginnt nun ein letzter Machtkampf. Aber da die *Turmmenschen* vor lauter Lebenskraft ihr Bewußtsein verlieren, zerstören sie einander blindwütig. Delvil, der Supergigant, erwägt flüchtig, *in der Erde zu wurzeln.* Er wird aus seiner unglücklichen Individuation durch das Herz der Naturanbeterin Venaska erlöst, *in Berg See Wald ausgedehnt, auseinanderfließend.*[84] Übrig bleiben *die Menschen* als naturverbundene *Siedler.* Und da *ihr Drang zueinander nach der langen Entfremdung tief*[85] war, wird ihre Befriedigung in einigen idyllisch-mythologischen Liebesgeschichten und einem neu erstehenden Animismus geschildert, in dem sich die Anbetung von Feuer und Licht des Nordens mit dem Naturkult des Südens verbindet. Die Menschheit lebt in primitiver Agrarkultur und hat in ihrer Besinnung auf das Elementare, *die Luft und den Boden,* ihre *Kraft, das wirkliche Wissen, und die Demut*[86] wiedergefunden.

Das *ziellose Schaukeln der Weltgeschichte* ist damit zum Stillstand gebracht. Die agnostizistische Wendung des Gesellschaftskritikers zu jenem *Vielleicht anbeten* vom April 1920 ist an einen Endpunkt gelangt.

Die dichterischen Nebenwerke dieser Jahre flankieren die große Apokalypse und verweisen auf ihren Gehalt: *Lusitania. Drei Szenen,* im Mai/Juni 1920 verfertigt und stofflich die Torpedierung des britischen Passagierschiffs durch deutsche U-Boote im Mai 1915 verwertend; *Die Nonnen von Kemnade. Schauspiel in vier Akten,* erste Fassung im *Sommerbeginn 1921,* in zweiter Fassung 1923 veröffentlicht; und *Manas. Epische Dichtung,* 1926 in freien Rhythmen als Variation zu einer Legende aus dem Mahâbhârata, dem indischen Nationalepos, geschrieben. *Gericht, Urteil* und *Sühne* in den Dramen, *Leiden, Schmerz* und Erlösung im Epos sind die Pole, zwischen denen Döblins Darstellung des *bösen Menschengelichters,* des *Menschenviehs* und insgesamt dieses *verfluchten Daseins (Lusitania)* hin- und hergerissen ist. Das Verbindende, das diesen scheinbar antagonistischen Positionen eignet, ist die bedingungslose Beugung des Menschen unter Mächte, die jenseits des Menschlich-Gesellschaftlichen sind.

Die *Demut,* die die primitiven *Siedler* zu Ende von *Berge Meere und Giganten* als *Kraft* und *wirkliches Wissen* erfahren, beherbergt diese Polarität der Beugung unter das Elementare wie unter die Transzendenz des Metaphysischen. Der Versuch im *Wang-lun,* eine monistische Position durch einen materialistischen Pantheismus aufzubauen, ist gescheitert. Materie und Bewußtsein, Natur und Geist klaffen in einem Dualismus auseinander, der – in der *Zueignung* zum Roman – nur noch durch die Sprache der Mystik notdürftig verhüllt werden kann. Im Roman selbst tritt der Dualismus des Denkens in der Überhöhung naturwissenschaftlicher Erkenntnis durch vorgeprägte Mythen hervor: Erdentstehungsgeschichtliche Passagen, basierend auf der Theorie der Entstehung des Universums aus Gasen, evolutions- und deszendenztheoretische Exkurse werden überhöht durch die alttestamentarische Kosmogonie der Entstehung des Lebens durch den Geist, der Wasser und Erde, Hell und Dunkel ordnet und den Stoff beseelt. *Dies wütende Licht brachte zu Leibern zusammen, was es fand.*[87] Der Mensch zerstört dieses Leben durch den Hochmut seiner technischen Erfindungen. Die biblische Kosmogonie mündet in die biblische Apokalypse. Der Mensch findet Rettung nur in seiner *Demut.* Döblins nächster Roman *Berlin Alexanderplatz* hängt in genau dieser Konstruktion.

Sie hat Döblin am Ende dieses Jahrzehnts so wenig genügt wie seine Verherrlichung des Krieges als Naturgewalt im *Wallenstein.* Kurz nachdem er die mangelnde Humanität des historischen Romans öffentlich kritisiert hatte, setzte er zu einer Neufassung von *Berge Meere und Giganten* an. *Das neue Buch hatte einen Mann hinter sich, der eine menschliche Aufgabe erkannt hat, der einen Sinn kennt und ihn sogar in dieser «Natur» sieht, der die Rolle des Willens, der Kraft und der Erkenntnis weiß und den Eingriff in die Natur in seine Rechnung stellt.*[88] (*Nachwort* zu *Giganten,* 1932)

Diesem Widerruf zum Trotz blieb für Döblin das in der nachrevolutionären Phase aufgebaute wissenschaftsfeindliche Natur- und Gesellschaftsverständnis maßgebend. Von dem Resümee seiner Anschauungen 1924 in dem Aufsatz *Der Geist des naturalistischen Zeitalters* – der als Gegenentwurf zu Spenglers «Untergang des Abendlandes» zu lesen ist – bis zu dem Pamphlet *Die deutsche Literatur (im Ausland seit 1933),* das zuerst 1939 in Paris und 1947 in der deutschen französischen Besatzungszone unter dem Titel *Die literarische Situation* abermals in hoher Auflage veröffentlicht wurde, geht die Verherrlichung von *Rasse und Blut* und damit des Menschen als *Kollektivwesens* und *Gruppentier,* geht die Ergründung des *biologischen Sinnes der Staatenbildung* usw. (*Der Geist des naturalistischen Zeitalters*) durch: Unbelehrt durch den Faschismus und seine rassistische «Geopolitik» werden *Entstehung* und *Weg der biologischen Utopie* in dem späteren Pamphlet eigene Abschnitte gewidmet, in der sie mit der *sozialistischen Utopie* verglichen und dieser im Wert so weit vorgezogen wird, daß der deutsche Faschismus – von Döblin gemessen an dem in ihm anwesenden *utopischen Kern* – lediglich als *Kompromiß* und als *Degeneration* der Idee seiner selbst erscheint: *In unserem Fall, in dem der biologischen Utopie, war sehr früh der biologische Anteil (Nietzsches zu schaffender Übermensch) zurückgetreten und abgeschwächt zugunsten der Idee des arischen Herrenmenschen. Das war ein Kompromiß, eine Degeneration der Utopie.*

Noch schlimmer aber erging es ihr, als sie nach dem Ersten Weltkrieg sich mit Revanchegedanken der Nationalisten vermählte . . .[89] (*Die literarische Situation*) Genug!

Die eigentliche Crux, an der Döblin damals laborierte, war das Ausufern seines Anarchismus in sämtliche Teilbereiche des Erkennens und der ihnen eigenen Gesetzlichkeiten. *Die physikalischen Gesetze: Gesetze, was sind das für Kindereien. Die mathematischen Formulierungen ein Spiel.* (*Der rechte Weg*) Dies ließ er bis zu dem so naiven wie schrillen Schrei gegen *Die abscheuliche Relativitätstheorie* im «Berliner Tageblatt» (24. November 1923) gedeihen; er bildet sinngemäß den Anfang des ersten Kapitels von *Das Ich über der Natur.* Abgestoßen vom *Elend des Naturgesetzes* (*Buddho und die Natur*) ebenso wie vom *ganz ziellosen Schaukeln der Geschichte* (*Berge Meere und Giganten*), beginnt Döblin die membra disjecta seines Meinens in der coincidentia oppositorum zu sammeln. *Mystik ist allemal da; jetzt wird Mystik das, woran die Naturerkenntnis stößt.* (*Der Geist des naturalistischen Zeitalters*) Und: *Ich auf meiner Seite habe nicht viel für die sogenannte Kausalität übrig.*[90] (*Das Ich über der Natur*) Bei solchen Voraussetzungen nehmen die Ergebnisse seiner

Vor der «Gruppe 1925»: «Ich bin ein klassenbewußter Bürger, ein Dichter der Bourgeoisie, wer sagt Ihnen, daß ich den Sieg der Arbeiterklasse will? Welches Recht hat das Proletariat überhaupt, Forderungen an mich zu stellen?»
(«Welt am Abend», 16. März 1926)

spekulativen Sprünge nicht wunder: «Geist» als menschliches Be-wußtsein wird ihm zu einem Bündel anonymer Reflexe, «Natur» als Summe *beseelter Wesen* hingegen wird in die immaterielle Vorstel-lung eines – selbstverständlich von Döblin auch nicht annäherungs-weise bestimmten – *Sinnes* von *geistiger Art* genommen. Von den zehn

Leitsätzen, die das Traktat vom *Ich über der Natur* beschließen, enthält der sechste den gesammelten Unsinn über die materielle Welt: *Die physikalische Welt ist unvollständig und daher nicht real. Die wirkliche Welt ist weder endlich noch unendlich, sondern bestimmt, das heißt charaktervoll geformt. Die Welt hält sich und wird real durch eine Überrealität, welche aus dem Ur-Ich, dem Ur-Sinn stammt.*[91]

Aus all diesem drängte sich Döblin am Ende des Traktats die Forderung von der *Wiedergeburt der Hauptwissenschaft Theologie*[92] auf, zu der er dann in den vierziger und fünfziger Jahren seine Beiträge liefern sollte. Zwischen *Biologie* und *Theologie* schwankend, faßte Döblin damals den Vorsatz, gegen die *scholastisch-humanistische Schulbildung* in toto zu Felde zu ziehen. *Ich habe vor, zu zeigen, was diese Epoche außerhalb des humanistischen Gesichtskreises ist.*[93]

Berlin, Alexanderplatz, um 1927

«Berlin Alexanderplatz»

«Macheath hatte erkannt, daß es vielen kleinen Leuten hauptsächlich um die Selbständigkeit zu tun war. Sie hatten eine Abneigung dagegen, ihre Arbeitskraft in Bausch und Bogen zu vermieten wie gewöhnliche Arbeiter oder Angestellte, sondern wollten auf eigene Tüchtigkeit gestellt sein ... Er nannte diesen Trieb Urtrieb der menschlichen Natur ... Diesen Ehrgeiz hielt Herr Macheath für hochgradig sittlich.»
Bertolt Brecht: «Drei Groschen Roman» (1934)

Berlin Alexanderplatz. Die Geschichte vom Franz Biberkopf, das Hauptwerk Döblins, entstand 1927 bis 1929. Es war sein einziger Publikumserfolg. Es wurde 1930 von der Berliner Funkstunde als Hörspiel gesendet und 1931 von der Allianz-Tonfilm GmbH verfilmt. Aber schon in Hörspiel und Film war die Halb- und Unterwelt als ausschließliches Milieu abgebildet. Die Besonderheit des Romans war damit beeinträchtigt oder vernichtet. Denn diese Besonderheit bestand in der Konkretheit des Stoffes, eben der *Geschichte* eines einstmaligen Berliner Transportarbeiters, die – eine Ausnahme in Döblins Gesamtwerk – in die Gegenwart von *Ende 1927*[94] bis zum *Winter 1928–29*[95] gesetzt war. Und sie bestand darin, daß Döblin – auch dies im Gegensatz zu seinen übrigen Werken – der *Geschichte* harmonisierende Tendenzen zugrunde legte, die das gesellschaftliche Leben der Weimarer Republik von 1924 bis 1928 vorübergehend bestimmten und die mit der historischen Bezeichnung dieser Phase als der einer relativen Stabilisierung des Kapitalismus genau genug bezeichnet sind. Sie gipfeln im Roman in Franz Biberkopfs politischem Programm von *Ruhe* und *Ordnung.* Der Erfolg des Buches beim bürgerlichen Lesepublikum ist zum Teil darin bis heute begründet.

Marxisten lehnten *Berlin Alexanderplatz* ab. Ihre Kritik am Stoff und Inhalt des Romans war durch eben die Umstände verschärft, die das Buch den Bürgerlichen angenehm machten: das Ausweichen vor der Polarisierung der Klassengegensätze. Die Kritik war gerechtfertigt. Aber sie berücksichtigte nicht die Bedingungen seines Schaffens und war in diesem Sinn weder historisch noch dialektisch-materiali-

Franz Biberkopf (Heinrich George) verläßt die Strafanstalt Tegel.
Aus dem Film «Berlin – Alexanderplatz», 1931

stisch fundiert. Denn in Döblins Entwicklung war es nach dem Hervortreten seines Biologismus, Rassismus und Mystizismus in den ersten Jahren der Republik ein entschiedener Schritt aus seinen Spekulationen in eine geschichtlich-gesellschaftliche Konkretion, als er *Berlin Alexanderplatz* entwarf. Die wenigen Zeugnisse, die aus der Zeit
der Entstehung des Werks überliefert sind, betonen denn auch dieses

Konkrete seines Gehalts. *Mich beschäftigt das soziale Problem der Menschen, die, aus irgendeinem Grunde aus der eigenen inneren Sphäre herausgerissen, sich nicht ohne weiteres einer anderen Klasse anschließen können, das Problem der Menschen, die «zwischen den Klassen» stehen.*[96]

Nach *Wadzeks Kampf mit der Dampfturbine* schrieb Döblin seinen zweiten *Berliner Roman.* Seine Stoff-, Motiv- und auch seine Formgeschichte reicht indessen weit über den *Wadzek* zurück bis in Döblins schriftstellerische Anfänge: Berlin als soziologisches Phänomen – und damit auch als *sonderbare Lust- und Sündenstadt,* als *Das märkische Ninive,* wie Döblin es 1910 nannte – ist seit jener ersten Studie *Modern* in Döblins Journalistik anwesend. Später konzentrierte er seinen Blick auf die Soziologie des Berliner Ostens. Und schon da wird die Möglichkeit erwogen, aber noch beiseite gesetzt, daß man *Hymnen* oder auch *Fluchlieder auf Schuhgeschäfte und Warenhäuser dichten* könne – *gewaltig wie ein Bericht des babylonischen Sanskrits.* (*Theater in Berlin,* «Prager Tagblatt», 20. November 1921) Aus seinem Biologismus heraus entwickelt Döblin dann sozusagen eine Morphologie der Großstadt; gesellschaftliche Klassen werden dieser Betrachtungsweise wesenlos. An ihre Stelle tritt auch in Döblins eigener Vergegenwärtigung der unmittelbaren Stoffgeschichte des Romans *ein eigentümliches Bild von dieser unserer Gesellschaft, wie an allen möglichen Stellen die Gesellschaft – oder besser das, was ich sah – von Kriminalität unterwühlt war*[97]. Was er aber *sah,* den *Berliner Osten,* hatte er jahrzehntelang als Kind, Student und praktizierender Arzt um sich herum wahrgenommen. Neu war in dieser Phase die versöhnte Haltung gegenüber dieser Umwelt, die nun das unmittelbare, ja auch unvermittelte Abbilden der Realität ermöglichte. *Während ich früher sehr viel von der Phantasie hielt, und zwar von einer möglichst schrankenlosen Phantasie, wurde im letzten Jahrzehnt der Blick, eigentlich mehr die Aufmerksamkeit, für meine eigene Umgebung und für die Landschaft, in der ich mich bewegte, den Berliner Osten, geschärft.* (*Mein Buch «Berlin Alexanderplatz»*)

Grundlegende Themen und Motive weisen ebenfalls tief in Döblins Entwicklungsgeschichte zurück. *Sünde, Buße, Reue, Rache, Opfer* sind seit dem *Schwarzen Vorhang* die ethischen Abstrakta, in denen Döblin gesellschaftliche Konflikte aufheben zu können meint. Im allgemeinen gesellschaftlichen Verhalten galten ihm die Haltungen von *Hochmut* und *Demut* seit *Wang-lun* als das polare Muster. Damit war – und zwar endgültig in Döblins Vorstellungen – eine Mechanik des Entweder/Oder für die Darstellung epischer *Abläufe* gefunden.

Die Formen seines Erzählens spiegeln denn auch von Anfang an diese Polarität des *Daseins*verständnisses, und zwar im Aufeinanderprallen der divergierendsten Elemente. Nicht nur, daß Märchen,

«*Stoff existiert für ihn nicht, alles ist seelenhaft, in einem fast gasförmigen Aggregatzustand.*» Aus der Handschriftenanalyse Max Pulvers, 1928

Rechts:
«*Sie haben viel innere Störungen und Stimmungen, das kommt unaufhörlich durch Sie, es ist etwas Mediales.*»
Aus der Handdeutung von Marianne Raschig, April 1928

Legende, Groteske, Icherzählung, Rahmenerzählung, historischer, utopischer und Gegenwartsroman einander ablösen: das Entscheidende ist vielmehr, daß innerhalb eines Werks die Disparatheit der Konzeption jeweils in die Disparatheit heterogener S t i l m i t t e l auseinanderfällt. Das wird in den Gegenwartsromanen *Der schwarze Vorhang* und *Wadzeks Kampf mit der Dampfturbine* am krassesten deutlich, wenn naturalistische Beschreibungen ihre Ergänzung (und ihre eigentliche Bedeutung) in Mythen, Allegorien, Parabeln und Symbolen aufgesetzt erhalten. Dieselbe transzendierende Funktion trägt in allen Werken die Natursymbolik: über Gesellschaft und Geschichte auf ein wandelloses Sein zu verweisen, in dem die Zerrissenheit des Menschen aufgehoben werden könne – gleichgültig, ob diese Aufhebung pantheistisch oder biologistisch gedacht ist.

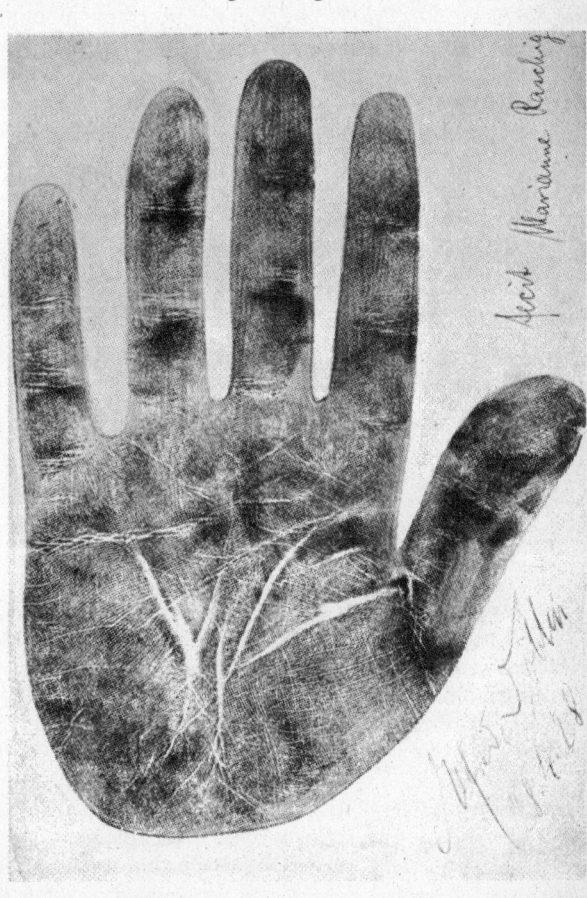

Es ist eine besondere Erzähltechnik, mit der Döblin die ihm vertrauten stofflichen und thematischen Einzelheiten in *Die Geschichte vom Franz Biberkopf* eingefügt hat: im entschiedenen Hervortreten des Erzählers als Kommentator, als Reflektierender und Resümierender der *Geschichte* Biberkopfs. In der literaturwissenschaftlichen Fachsprache wird diese Erzähltechnik gewöhnlich dem sogenannten allwissenden Erzähler oder neuerdings dem sogenannten auktorialen Erzählen zugeschrieben. Über den Zweck dieser Technik und über die Gründe, die den Autor diese Technik wählen ließen, ist damit nichts gesagt. Und auch Döblin hat in den literartheoretischen Arbeiten, die *Berlin Alexanderplatz* begleiteten, sie nur andeutungsweise begründet, wenn er die *zwei Schritte* des literarisch *wirklich Produktiven* als ein *ganz nahe an die Realität heran* und darüber hinaus als ein *die Sache zu durchstoßen* bezeichnet und dazu nicht nur das *Mitsprechen* des Autors *im epischen Werk*, sondern geradezu seine Entschlossenheit, *reflexiv zu sein*, fordert. Hier wird die Wahl dieser Erzähltechnik im Verweis auf die alten Traditionen des epischen Kommentars – nächst Cervantes zieht Döblin in diesem Zusammenhang Dante heran – begründet: Dante *hat sich in die Vorgänge eingemischt, und zwar nicht spielerisch, sondern mit allem Ernst . . . Er hat teilgenommen am Leben seiner Figuren.* Nach beiden Seiten hin, sowohl vom Autor zu seinen Figuren, wie vom Leser, den diese *ehrlich etwas angehen* können, ist von Döblin also das Hervortreten des Erzählers als das Zeichen gesellschaftlich engagierter Literatur erkannt worden. Dieses Engagement wurde ihm selber möglich, da er – ästhetisch – *die sogenannte Objektivität des Erzählers*, das heißt, dessen völlige Unterwerfung unter *Fakta* und *Akten* als einzige Voraussetzung des Erzählens aufgab: *Aber man ist nicht ein ganzes Leben lang fähig, diesen Standpunkt innezuhalten. Eines Tages entdeckt man . . . sich selbst. Ich selbst – das ist das tollste und verwirrendste Erlebnis, das ein Epiker haben kann.* (*Der Bau des epischen Werks*) Das ist der Moment, in dem der *entseelten Realität* des *Berliner Programms* ihre *Seele*, das heißt der sinnlosen Materialität des Seins Sinn und Bedeutung zurückerstattet wird, und zwar, bezeichnenderweise, in der Anerkennung des subjektiven Faktors in der erzählerischen Gestaltung.

Die Entdeckung des *Ich* war das Resultat jener Spekulationen über Natur und Geist gewesen. Der zehnte *Leitsatz* und Schlußsatz des Traktats vom *Ich über der Natur* lautet: *Da die Welt, von einem Ich getragen, von geistiger Art ist, ist das Erkennen eine große Macht. Wir haben dies Vermögen in uns.*[98] Der *Leitsatz* zeigt deutlich, wie die literartheoretische Neubesinnung auf den auktorialen Erzähler ihre didaktischen Implikationen – erkenntnistheoretisch – durch die subjektiv idealistische Voraussetzung gewinnt. Das in *Wang-lun* bereits eingearbeitete und leitmotivisch wie-

Fotomontage von Stone, 1928

derkehrende Wort: *Die Welt ist von geistiger Art*[99], bestimmte nur eine Seite des Gehalts im Roman, die objektiv idealistische Tendenz trat vorübergehend in den Revolutionsjahren in den Vordergrund. Sie wird aufgegeben unter der reaktionären Gesellschaftspolitik der Nachkriegsjahre, als sich seine Spekulationen zum Angriff gegen die *Kinderei* jedweder *Gesetze* zuspitzen. So wird die subjektiv idealistische Voraussetzung – historisch – nach den versuchsweisen monistischen Kompromissen im Kaiserreich, nach dem agnostizistischen Ausweichen in Biologie und Mystik 1919 bis 1924 im Moment der Kapitalsättigung und einer monopolistisch disziplinierten Wirtschaftslage 1927 als eigenes Programm vorbehaltlos ausgesprochen. Das Streben nach *Erkennen* und seine Umsetzung in gesellschaftliche *Macht* sollen nach dieser Voraussetzung Franz Biberkopf und dem Leser seiner *Geschichte* beigebracht werden.

Die didaktische Absicht tritt von Anfang an hervor. Nach dem Muster nicht nur der moralisierenden und gesellschaftlich-aufklärenden Epik seit der Renaissance, sondern auch nach dem Vorbild zweier zeitgenössischer Prologe, dem «Vorsatz» zu Thomas Manns «Zauberberg» und dem Mackie Messer-Song aus Brechts «Dreigroschenoper» wird dem Leser der Warn- und Lehrgehalt von *Berlin Alexanderplatz* vor Beginn der *Geschichte* mitgeteilt. *Man fängt nicht sein leben mit guten worten und vorsätzen an, mit erkennen und verstehen fängt man es an und mit dem richtigen nebenmann.*[100]

Moritatenhafte Prologe weisen auf die Handlung und deren Bedeutung voraus, so wie im Fortgang der Erzählung jedes der neun *Bücher* kommentierend eingeleitet und ferner Inhaltsangabe und Kommentar in Kurzform in der Kapitelüberschrift fortlaufend zur Information des Lesers untergebracht sind. So soll mit den alten Mitteln einer nicht illusionistischen Ästhetik ein Exempel statuiert werden, nämlich dieses, daß der *Lebensplan* des Franz, *anständig zu sein, dreimal* durch Schläge *von außen*, die *wie ein Schicksal aussehen*[101], zerstört wird. Gegen dieses *Außen* setzt Döblin das verinnerlichte Ich und erteilt Franz und dem Leser die exemplarische Lehre: *... an ihm selbst habe alles gelegen ... an seinem hochmütigen Lebensplan.* Der gesellschaftliche Aspekt, daß *man sein Leben mit dem richtigen Nebenmann* anfange, ist schon hier in den Hintergrund getreten. Eine fragmentarische Vorform der Prologe negiert ihn geradezu in dem ironischen Ausfall: *... da sind gleich manche von Euch, die da hoffen, jetzt kommt die längst fällige Anklage gegen die Gesellschaft und den Staat ... das ist endlich mal von dem Autor ein gutes soziales Buch ... der Autor hat endlich einmal seine Pflicht gegen die Gesellschaft erfüllt und sich von seinen überspannten Ideen losgemacht, die ja letzten Endes faules bourgeoises Zeug sind.*[102] In der Tat! Aber dieser Ausfall – begründet wie er sein mochte durch den Mißerfolg der vorangegangenen Werke – sollte der Verteidigung dieser *überspannten Ideen* dienen. Und wenn bei Beginn der Niederschrift von *Berlin Alexanderplatz* das Verhältnis von *Ideen*, das heißt der transzendierenden Metastrukturen der Deutung zum Stoff der *eigenen Umgebung*, des *Berliner Ostens* und seinem *noch nicht ausgeschriebenen Schlag von Menschen* noch schwankend war, so hatte sich Döblin doch wie in seinem bisherigen Werk sogleich die Polarität von Konkretion und Abstraktion als Mechanik der Gestaltung zurechtgelegt: Der zweite ungedruckte Prolog endet mit der dualistischen Formel: *Es gibt zwei Wege auf dieser Welt: einen sichtbaren und einen unsichtbaren.*[103] Franz Biberkopf wandelt auf beiden.

Worum also geht es in seiner *Geschichte*? Biberkopf hatte an seiner Braut Ida in einem tobsüchtigen Anfall Totschlag verübt und war zu vier Jahren Gefängnis verurteilt worden. Zu Beginn des Romans verläßt er das Gefängnis Tegel, der Alltagsumwelt entfremdet, *was soll unsereins mit Gericht und Polizei und Politik . . . Anständig bleiben und for sich bleiben.*[104] Er verhärtet seine Position späterhin in neuer Notlage zu dem Freiheitsprogramm der kleinen Leute: *Fürsorge, brauch ich Fürsorge und Wohlfahrt. Ich will das nicht, das gehört sich nich für einen freien Mann . . . Ich bin ein freier Mann oder keiner.*[105] Aus dieser tüchtigen Gesinnung heraus übernimmt er denn auch das Programm der freien Marktwirtschaft, innerhalb derer ihm seine Freiheit im letzten Freiraum des Kleinhandels garantiert erscheint: *Du gehst nicht stempeln, Franz, und gehst auch nicht in die Fabrik, und zu Erdarbeiten ist es zu kalt. Der Handel, das ist das beste.*[106] Ökonomisch ist Franzens Ruin eingeleitet in dem Augenblick, in dem er diesem Rat folgt. Und obwohl im Roman mehrfach der Wirtschaftsprozeß als Konzentration der Großunternehmen erkannt und kommentiert wird, hat Döblin seinen *einfachen Mann* doch so sehr in der Schicht des Kleinhandels gesehen, daß er ihn noch in den Entwürfen zum Abschluß des Romans zu *einem Zeitungskeller*[107] gelangen läßt. In der endgültigen Fassung sinkt er dann auf die tiefste Stufe disponibler Arbeitskraft am Rande des Produktionsprozesses, er wird «ungelernter Arbeiter», *Hilfsportier in einer mittleren Fabrik.*[108]

Auch alle persönlich gebotene Hilfe lehnt er auf diesem Weg ab. Die erste Begegnung in seinem neuen Zivilleben mit einigen orthodoxen Ostjuden deutet voraus auf die Haltung, die Franz gegenüber seiner Umwelt einnehmen wird: Er entzieht sich ihrer Lebensweisheit, die sie ihm im *unendlichen Gespräch*, im *Erzählen von Geschichten – Man wird nicht satt davon, aber man vergißt*[109] – anbieten. Es ist die gedrückte Lebensweisheit abermals des kleinhändlerischen Kleinbürgers: *Man soll nicht so viel von sich machen. Man soll auf andere hören. – Man verliert und man gewinnt.* – Und bei einer späteren Begegnung: *Ihr seid ein guter Mensch. Aber seid nicht so wild. Seid schön ruhig. Seid geduldig auf der Welt.*[110] Unter ihrem Erzählen gewinnt Franz tatsächlich den Mut, seinen ersten Gang durch Berlin fortzusetzen. Aber ihre Warnungen schlägt er in den Wind. Übrigens fand das therapeutische Gespräch zwischen den gesellschaftlich Verfemten, den Juden und dem Strafentlassenen, auf dem Fußboden statt: dem Ort der Erniedrigung, wo sich die Initiation Wadzeks in das Sterberitual und damit der Anfang seiner Selbstkorrektur vollzieht. Eine private Symbolik, durch die erst deutlich wird, welche Chance der Belehrung Franz gleich zu Beginn vergibt.

Weitere Exempla, wie das von dem Morphinisten, der sich als antitragische Figur vorstellt: *Ich bin Gegner des Fatums. Ich bin kein Grieche, ich bin Berliner*[111], und der wie Wadzek *Schmerz* und *Reue* zu *Unsinn* erklärt; oder endlich die mechanistische Erklärung von Franzens Totschlag durch die Newtonschen Gesetze einerseits, durch den Vergleich mit der Ermordung Klytemnästras durch Orest und das fluchbeladene Atridenschicksal andererseits – *Ausmaße dieses Franz Biberkopf. Er kann es mit alten Helden aufnehmen*[112]; nur daß ihm eben jedes Schuldgefühl mangelt, in seinem Fall *kommt man gänzlich ohne Erinnyen aus*[113] –, machen es klar, daß Döblin jetzt die in *Wadzek* geübte Reduktion auf das bloße *Funktionieren* als Versündigung auffaßt. Seinem Freund Reinhold, einem sexbesessenen Unhold, stellt sich Franz als *Menschenfreund* dar, *der weiß, wo der Weg langgeht*[114]: Er hat sich sogar angemaßt, Reinhold zur Heilung seines Lasters Gebete bei der Heilsarmee anzuraten und verspricht ihm endlich: «*Ich wer dir schon helfen . . . daß das funktionieren wird mit den Weibern. Da brauchst du nicht zur Heilsarmee, besorgen wir alles besser.*»[115] Und spätestens wenn hiernach vom Autor aus den prophetischen Büchern des Alten Testaments *Verflucht ist der Mann . . . der sich auf den Menschen verläßt, der das Fleisch zu seiner Stütze macht und dessen Herz von Gott abfällt*[116] (vgl. Jeremia 17,5) zitiert wird, stellen sich diese kleineren Verfehlungen Franz' auf seinem *sichtbaren Weg* bereits als Zeichen seines *Hochmuts* dar, den es zu brechen gilt.

Dieser *sichtbare Weg* führt Franz vom Kleinhandel zum Anschluß an eine Einbrecherbande und damit in den Abstieg zum Lumpenproletariat, dem er schließlich nicht nur als *Hehler*, sondern als ausgemachter *Verbrecher* und auch als *Lude* angehört, der seine neue Braut Mieze für sich *arbeiten* läßt. Döblin hat diesen Abstieg sehr sorgfältig mit Franzens falschem Vorsatz, *for sich bleiben* zu wollen, kontrapunktiert durch eine Auseinandersetzung mit einigen Programmen politischer Parteien. Es ist eine fruchtlose Auseinandersetzung mit ausschließlich negativem Ergebnis. Sie konnte nicht anders verlaufen, da Döblin selbst sich von den Parteien längst distanziert, die Klassen-

HEINRICH GEORGE

in

BERLIN ALEXANDERPLATZ

Die Geschichte vom Franz Biberkopf

Nach dem Roman von ALFRED DÖBLIN

S. Fischer Verlag / Berlin

Manuskript: Alfred Döblin und Hans Wilhelm

Regie: PHIL JUTZI

Dialogleitung: Karl Heinz Martin

Fotografische Leitung: Nikolaus Farkas / Bauten: Julius v. Borsody

An der Kamera: Erich Giese / Kompositionen: Allan Gray

Standfotograf: Fritz Vopel

Musikalische Leitung: Arthur Guttmann

Ton: Fritz Seeger / Schnitt: Géza Pollatschik

 Tonsystem: Tobis-Klangfilm

Produktionsleitung: Dr. Wilhelm Szekely

Darsteller:

Franz Biberkopf	Heinrich George
Cilly	Maria Bard
Mieze	Margarete Schlegel
Reinhold	Bernhard Minetti
Klempner-Karl	Gerhard Bienert
Pums	Albert Florath
Henschke, Wirt	Paul Westermeier

Oskar Höcker, Hans Deppe, Käthe Haack, Julius Falkenstein, Jakob Tiedtke,
Siegfried Berisch, Arthur Mainzer, Karl Stepanek, Ernst Behmer, Paul Rehkopf,
Anna Müller-Lincke, Hermann Krehan, Heinrich Schroth, Heinrich Gretler,
Willy Schur, Walter Werner, Karl Harbacher, Franz Weber

Ein Heinrich George-Film
der Allianz-Tonfilm G.m.b.H.
im Verleih der

 SÜDFILM-A.G.

Berlin / Leipzig / Düsseldorf / Hamburg
Frankfurt a. M. / München / Saarbrücken

Inserat aus «Illustrierter Film-Kurier», 1931

frage durch Rassenprobleme und Fragen technokratischer Natur beiseite geschoben hatte und seit der zynischen Bemerkung: *Kein Unterschied zwischen dem Trauerabzeichen, dem Hakenkreuz, der roten Fahne, Jumper und Spangenschuh (Von einem Kaufmann und einem Yoghi)*, sich immer tiefer in ein Mißverständnis seiner Epoche verrannt hatte. Bis zum Ende der Weimarer Republik bleibt Döblin unfähig, die Gefahren des Nationalsozialismus, ja auch nur der «Völkischen» zu erkennen. Franz Biberkopf läßt er vorübergehend mit ihnen sympathisieren.

Was Franz von der Politik erlebt, dringt im Kaschemmenmilieu oder durch die Schlagzeilen der Tageszeitungen an ihn heran. Historisch scheint er seine Vorstellungen auf *Bismarck oder Bebel* zu gründen, *die haben Geist*[117], wie er gegenüber seiner Lina einmal bemerkt. Die unmittelbare Folge aus dieser Mixtur ist: *Franz handelt nun völkische Zeitungen.*[118] Er trägt die Hakenkreuzbinde und hält gegen sozialistische Arbeiter den Slogan der Nazis aufrecht: *Ihr macht die Revolution immer mit der Schnauze, eure Republik – ein Betriebsunfall!*[119] Und er wiederholt, was Döblin in seinem wildesten antidemokratischen Artikel *Drei Demokratien* bereits zur Erreichung des inneren «Klassenfrieden» gefordert hatte: ... *dafür sind wir nicht draußen gewesen und haben im Graben gelegen, daß ihr hetzt, ihr Hetzer, Ruhe muß sein, Ruhe sag ich ... und wer jetzt kommt und Revolution macht und keine Ruhe gibt, aufgehängt gehören die eine ganze Allee lang ...*[120] Hiernach hadert er gleichmäßig mit *Schwulen* und *Roten* und zieht sich – wie das im bürgerlichen Roman nie unüblich war, gerade seit *Berlin Alexanderplatz* aber von Fallada bis Musil zum stereotypen Muster wird – in das Glück im Winkel mit seiner Lina zurück.

Zwischen dieser und einer weiteren politischen Auseinandersetzung fällt in einem auktorialen Einschub ganz unvermittelt die Bemerkung: *Ich scheide aus der Partei des Prinzipienverrats.*[121] Der autobiographische Hinweis weist auf die völlige Entfremdung Döblins von den Sozialdemokraten, seiner Partei seit 1921. Er erklärt aber auch den Rückfall der zweiten ausführlicheren politischen Debatte im Roman in die anarchistische Programmatik, die dann abermals – nach dem Beginn der faschistischen Herrschaft in Deutschland – als das ausschließliche politische Konzept in Döblins letztem bedeutendem Roman *Pardon wird nicht gegeben* dienen wird.

In dem Abschnitt *Verteidigungskrieg gegen die bürgerliche Gesellschaft*[122] wird gegen die *Bürgerlichen und die Sozialisten und die Kommunisten* das Programm des Anarchismus gesetzt: *Die Sozialisten erobern nicht die staatspolitische Macht, sondern die staatspolitische Macht hat die Sozialisten erobert ... Für alle, die im Staat leben, sind Freiheiten in der Verfassung festgelegt. Da liegen sie fest ... Wir kennen nur Feindschaft gegen den Staat –, Gesetzlosigkeit und Selbst-hilfe.*[123] Dies die Hauptpunkte des Redners, die Franzens Freund Willi, ein Anhänger von *Nietzsche und Stirner (alles andere ist Stuß),* ihm noch einmal verdeutlicht: *Wir erstreben nicht wie alle anderen die Eroberung der politischen Macht, sondern ihre radikale Beseiti-gung.*[124] Ganz konsequent leitet Franz aus dieser Diffusität nicht nur erneut sein *for sich bleiben* ab; sondern auch den Widerruf seines *Anständig-Bleibens*: Er bekennt sich zur *Unanständigen Arbeit. Deine anständige Arbeit ist ja Sklaverei, det haste ja selbst gesagt . . .*[125] Auf diesem Höhepunkt seines isolationistischen *Hochmuts* erteilt ihm ein Kommunist die gesellschaftliche Warnung: *. . . an dir, Genosse, ist jedes Wort verloren. Du bist vernagelt. Da wirste dir den Kopp einren-nen. Du kennst nicht die Hauptsache beim Proletariat: Solidarität . . . Ihr seid Abschaum vom Kapitalistensumpf. Haut bloß ab. Ihr seid noch nicht mal Proletarier. Sowat nennt man Lumpen.*[126] Franz verläßt das Lokal aufgestört, selbst das Idyll mit Mieze *kann ihn nicht beruhi-gen.* Die Szene hat auf seinem *sichtbaren Weg* das Urteil und die Lehre vorweggenommen, die ihn – dann allerdings in abstrakter Form – nach dem Ablauf seines *unsichtbaren Weges* ereilen werden.

Die lumpenproletarischen Teile der *Geschichte* werden entfaltet, als Franz *die Politik zum Deibel schickt*[127]. Er bewegt sich nun im Milieu vom Typ des «Sparvereins West» und solcher Untergrundko-lonnen, bei denen Überfälle, Raub und Mord bestellt werden können und die ihrerseits die Prinzipien der freien Wirtschaftskonkurrenz mit den Mitteln organisierter Verbrechen so sehr vervollkommnet haben, daß die Verbrecher als gewievte Kaufleute und die Ministerialbeam-ten als Verbrecher erscheinen. Döblin hat diese Verweisung aus dem einen Milieu in das andere nicht mit dem Witz und der Systematik durchgeführt, die Swift und Gay als Rationalisten und Moralisten geübt haben und die Brecht für seine «Dreigroschenoper» zuerst genutzt und dann in seinem «Drei Groschen Roman» mit vollkomme-ner Meisterschaft neu belebt hat. Denn anders als für Swift, Gay und Brecht stellte sich Döblin die Gesellschaft nicht nach der Art der Geschäfte, die sie betreibt, dar; er sonderte ihre Klassen nicht und konnte also auch nicht den analytischen Vergleich zwischen ihnen künstlerisch nutzen. Ihm erschien die Gesamtheit *unserer Gesellschaft* von *Kriminalität unterwühlt,* und so verliert das lumpenproletarische Verbrechermilieu den Charakter des Besonderen, von dem aus exem-plarisch auf die Gesellschaftsstruktur verwiesen werden könnte. Die lehrreiche *Geschichte* geht hier in den Kriminalroman über, in dem die Welt der Gangster an die Stelle der Gesellschaft tritt. Während Brecht seine Lumpenproletarier Macheath und Peachum mehrfach aus ihrem Milieu mit einem «Da kannst du was lernen» in den gesell-schaftlichen Gesamtzusammenhang verweisen läßt, kann Döblins

Held unter seinen außenseiterischen Bedingungen gar nichts über sich erkennen. *Franz merkt nichts und die Welt geht weiter*[128], heißt es, als der dritte *Schicksalsschlag,* die Ermordung seiner Mieze durch Reinhold, längst über ihn gefallen ist.

Im Widerspruch zu dem Vorsatz nicht *die längst fällige Anklage gegen die Gesellschaft und den Staat* zu schreiben, führt der materialistische Ansatz in der Konzeption Döblin doch zu einer detailgetreuen, fachgerechten (und naturalistischen) Beschreibung der Unterwelt als der gewöhnlichen des kapitalistischen Betriebs. Das Stehlen ist der Erwerb der Waren, das Losschlagen der heißen Ware ist der Vertrieb. Beides wird nach den Gesetzen des größtmöglichen Gewinns straff organisiert. Der Boss wird als Ausbeuter, als Unternehmer, als Gauner verschrien. Die Kolonne ist *mehr für genossenschaftlichen Betrieb*[129]. Aber gleichgültig, wie dies nun ökonomisch verläuft, steht Franz innerhalb dieser Kolonne ein ganz anderer Gegner gegenüber: jener Reinhold, ein hinkender, stets kalter und nüchterner Kumpan (er trinkt nur Kaffee und Brause), mit gelbem Gesicht, der Sexualität hörig, auf dessen Stirn Franz gelegentlich Bockshörner zu sehen glaubt. Kurz, Döblin hat in ihm seinem Helden einen bösen Geist, einen Mephistopheles an die Seite gegeben. Reinhold ist *die kalte Gewalt . . . an der sich nichts in diesem Dasein verändert . . . Hart und steinern werdet ihr ihn bis zuletzt sehen, unbewegt zieht dieses Leben hin, – wo sich Franz Biberkopf beugt und zuletzt wie ein Element, das von gewissen Strahlen getroffen wird, in ein anderes Element übergeht.*[130] Es ist die Einsicht Wadzeks, *Grundfehler jedenfalls sei die Beharrlichkeit,* die Faust auch gegen Mephisto ausspricht: «Wie ich beharre, bin ich Knecht» («Faust» I), die Döblin hier in die Faust-Konstellation von Helden und Verführer bringt. Und zwar – wenn er auch das Volksbuch vom «Doctor Johann Faust» *markiger* fand als Goethes «Faust» («Prager Tagblatt», 21. April 1923) – mit dem spezifisch Goetheschen Gehalt dieser Thematik: Daß nämlich der Verführer den Helden mittelbar durch seine Konflikte zu deren Überwindung führt. Reinhold macht Franz nicht nur zum Krüppel, mordet nicht nur seine Mieze, sondern entdeckt der Polizei auch dessen letzten Unterschlupf, löst also die Verhaftung Franzens aus und ist damit derjenige, der *Franz Biberkopfs irdischen Weg zu Ende* bringt. In den Halluzinationen seines *katatonen Stupors* erscheint Reinhold dem Franz zum letztenmal: *Ah! Reinhold, pih Deibel! – und das höllische Feuer blitzt dem aus den Augen.*[131] Noch hier, wo die Symbolik der Figur ausgesprochen wird, empfindet Franz ihn als den Goetheschen Mephisto, jenen «Gesellen», «der reizt und wirkt». *Er triezt mir, er reizt mir noch immer . . .*[132] Unter der kalten höhnischen Frage *Wer hat gesiegt, Franzeken?* erfolgt die innere Wende. *Und Franz zittert: Ick hab nicht gesiegt, ick weeß es.*[133]

Mit dem Hinweis auf die Faust-Thematik in *Berlin Alexanderplatz* sind wir bereits tief in die Metastrukturen der Deutung, die Döblin seinem Stoff gegeben hat, vorgedrungen. Sie hat auch weitere Arrangements der Figuren geprägt, wie die sexuelle Attraktivität Reinholds, der Franz die Frauen zuschanzt; wie die Schwängerung Evas durch Franz; wie die Naturverbundenheit Franz', seinen Zug zum Abenteuertum, ja überhaupt seine Haltung als outsider; und ganz besonders fand Döblin im Volksbuch die Sünde des Hochmuts angeprangert, die Tugend der Demut dagegen empfohlen. Trotz all dieser stofflichen und formalen Anlehnungen müssen wir doch bemerken, daß die Faust-Thematik ihres eigentlichen historischen Gehalts beraubt worden ist. Was übrigbleibt ist der Teufelspakt, der mittelalterliche Teil der Sage, den Döblin – wie auch Thomas Mann im «Doktor Faustus» – reflektiert, und mit ihm zusammen das Exemplum, daß weltliche Erkenntnis ein Hochmut sei, der zum Teufel geholt wird. Der protestantische Verfasser des Volksbuchs hatte dies Exemplum so hart gestaltet, daß er Faust selbst Reue vor diesem schlimmen Ende nicht nützen läßt. Döblin folgt der viel verbindlicheren katholischen Lehre, die Reue als Vorbedingung der Buße und neuer Sündenfreiheit gelten läßt. *Die Stimme des Todes* ruft Franz zu: *Erkenne, bereue. Was Franz hat, wirft sich hin.*[134]

So tief hat Döblin Franz Biberkopf auf seinem *unsichtbaren Weg* in ein vorwissenschaftlich-theologisches Wertsystem hineingeführt, daß *Erkennen* sich ausschließlich als ein *Bereuen* beweisen kann. Die Formel *Erkenne, bereue* wirft aber Licht auf den sonst dunklen Teil des zentralen Satzes des Prologs, daß man *SEIN LEBEN MIT ERKENNEN UND VERSTEHEN* anfangen solle. Sie erhellt die Vorstellung der Nichtigkeit *Guter Vorsätze* in einem menschlichen *Lebensplan* vor einer transzendenten Instanz und damit auch den Anfang des Romans überhaupt, in dem Franz sogleich die zivile Freiheit als *Strafe* auffaßt.

Die Faust-Thematik organisiert in *Berlin Alexanderplatz* zu einem Teil Stoff und Gehalt. Eine den gesamten Roman durchziehende alttestamentarische Themenreihe stützt den theologischen Gehalt, beleuchtet den *unsichtbaren Weg* des Helden. Sie setzt voll ein mit einer Passage über den Sündenfall, der zwischen die Geschlechter *gesetzten Feindschaft* und der Verfluchung des *Erdbodens* um des Menschen willen. Mit dem Zitat *Denn es geht dem Menschen wie dem Vieh; wie dies stirbt, so stirbt er auch*[135] (Prediger Salomo 3,19) wird sie zu einer Untergangssymbolik ausgeweitet. Aber zwei Engeln mit der Erfahrung von *ein paar tausend Jahren*: «*Auf 1000 Wesen und Leben . . . kommen 700, nein 900 Verhinderungen*»[136], scheint Franz auserwählt, weil er *stark und unverbraucht ist.*[137] Im Krankenhaus ist es denn auch Franzens Seele, die in der Begegnung mit dem Tod in

Der Fünfzigjährige, 1928

jenes *Erkenne, bereue* willigt. Fausts Verlangen, «Daß ich erkenne, was die Welt / Im Innersten zusammenhält», ist dem Gehalt nach ersetzt durch Hiobs Demütigung vor Gott. «Ich erkenne, daß du alles vermagst . . . Darum spreche ich mich schuldig und tue Buße in Staub und Asche.» (Hiob 42, 2,6) *Franz hält nicht stand . . . ich bin schuldig, ich bin kein Mensch, ich bin ein Vieh, ein Untier.*[138] «Und der Herr wandte das Gefängnis Hiobs . . .» (Hiob 42, 10). Aus dem letzten Gefängnis, *der Irrenanstalt*, wird Franz in *die Freiheit* entlassen.

Die Apokalypse der Welt in *Berge Meere und Giganten* ist in *Berlin Alexanderplatz* wiederholt im Sündenfall des Einzelnen, der sich nur durch das *Opfer* seiner selbst reinigen kann. In späteren Selbstdeutungen hat Döblin das *Opfer* als *das innere Thema* des Romans bezeichnet. (*Nachwort*, 1955) Mit diesem *inneren Thema* ist Döblins Werk kein Ausnahmefall. Im Gegenteil.

In der zeitkritischen Literatur seiner Epoche wird die Opferthematik immer wieder gestaltet, oder es wird auf sie verwiesen, und zwar in der aus den Traditionen naheliegenden Passionsgeschichte des Jesus (Döblin wird sie in *November 1918* aufnehmen). Seit Fritz von Unruhs «Opfergang» (1916) über Bernhard Kellermanns «Der 9. November» (1920), Karl Kraus' «Die letzten Tage der Menschheit» (1922) bis zu Arnold Zweigs «Der Streit um den Sergeanten Grischa» (1927) und Ludwig Renns «Krieg» (1928) sehen wir Figuren und Bilder aus ihr herangezogen. Mit der kältesten Ironie hat Kafka solch ein Opfer beschrieben und in wiederholter Wendung Einsicht und Annahme seines Todesurteils «um die sechste Stunde», der Todesstunde Jesu, angesetzt. Ja, in einer Werkreihe Brechts, von «Mann ist Mann» (1926) bis zur Oper «Aufstieg und Fall der Stadt Mahagonny» (1930) und noch im «Drei Groschen Roman» (1934) sind der Passionsweg und die Kreuzigung in ihrer Chronologie von (Grün-)Donnerstag bis (Kar-)Freitag in die Handlung eingebaut. Erst im «Drei Groschen Roman» wird die Metaphysik des Opfers von Macheath – «geschäftliche und überhaupt menschliche Erfolge seien an die Fähigkeit geknüpft, zu gelegener Zeit Opfer zu bringen» – dadurch bloßgestellt, daß sie als die Ideologie der Ausbeutung erscheint. Das ist die marxistische Korrektur der vorher verarbeiteten Passionsthematik. Denn wie die anderen Autoren hatte auch Brecht sie benutzt, um der seit dem Weltkrieg dringlich gewordenen und unter den klassenpolitischen Gegensätzen der Weimarer Republik immer erneut sich stellenden Frage nach dem Sinn gesellschaftlich veranstalteten Leidens und Tötens nicht mit der Auskunft absoluter Sinnlosigkeit begegnen zu müssen. Der gesellschaftlichen Sinnlosigkeit wird in der Opfer- und Passionsthematik ein Moment der Hoffnung, oder in der heilsgeschichtlichen Sprache der Religion: das Moment der Verheißung oktroyiert, das immanent nicht abzuleiten ist. In säkularisierter Sprache: Die Opferthematik umschließt in ihrer Besonderheit das allgemeine Prinzip der Wandlung, der Veränderung. Sie drückt es in den Überlieferungen des Alten und Neuen Testaments ebenso aus wie in anderen Religionen, in Mythen und Legenden und zahllosen Werken der Weltliteratur. Döblin hat sie in dieser Funktion genutzt.

Franz wird als *neuer Mensch* entlassen. Dies ist die Vision, die der auferstandene Franz, aus der Starre seiner Vereinzelung gelöst, erlebt: *. . . es geht in die Freiheit, die Freiheit hinein, die alte Welt muß stürzen . . .*[139] So werden der Sinn des Selbstopfers und damit die Bedeutung sowohl des *sichtbaren* wie auch des *unsichtbaren Weges*

Franz Biberkopfs in das Gesellschaftlich-Geschichtliche gelegt. Allerdings nicht in der Konkretheit, die der erste Prolog *MIT DEM RICHTIGEN NEBENMANN* in Aussicht gestellt und die der Kommunist mit seiner Forderung gegen Franz, *die Hauptsache beim Proletariat: Solidarität,* abermals in den Blick gerückt hatte. Dem Mann *zwischen den Klassen* ist diese Konkretheit nicht erreichbar. Und es nimmt nach allen Voraussetzungen Döblins nicht wunder, daß das gesellschaftliche Ende des Romans nicht mehr als die anarchistische Verheißung einer abstrakten, unvermittelten revolutionären *Freiheit* aussprechen kann. Verwunderlich ist vielmehr, daß Döblin an dieser *Idee* festhalten konnte, da er mitten in der Arbeit am Roman in jenem autobiographischen *Ersten Rückblick* seine Sympathien für die deutsche Revolution in schärfster Form widerrufen hat. Sein Erlebnis der *Lichtenberger Unruhen* 1919, in denen seine Schwester Meta durch einen Granatsplitter tödlich getroffen wurde, stellt sich ihm nun als der Ursprung seiner konterrevolutionären Überzeugung dar. Der Weiße Terror erscheint ihm nun als *gerechtes Gericht. Entweder, sie wissen, was Revolution ist, und tun Revolution, oder ihnen gehören Ruten, weil sie damit spielen.* (*Erster Rückblick*) Die revolutionäre Erschütterung ist in Ekel, Teilnahme in Haß umgeschlagen. In der persönlichen Äußerung wie in Franz Biberkopfs Programm der *Ruhe* und *Ordnung* liegt in den letzten Jahren der parlamentarischen Republik der Ruf nach der starken Hand nahe.

Döblins Begriffe der *Revolution* und der *Freiheit* transzendieren diese zeitgeschichtlichen Reaktionen – so wie überhaupt im Roman die Erörterung der Politik gegen zwei ungesellschaftlich gedachte Kategorien relativiert worden ist: gegen die Natur und gegen die Zeitlosigkeit. Aus diesen beiden Bereichen des Natürlichen und des Zeitlos-Ewigen, als *elementare Triebe* und als *Ideen* begründen sich für Döblin *Revolution* und *Freiheit.* Aus ihnen leitet er im Disput mit Freunden und Lesern die Lehre des *Berlin Alexanderplatz* noch einmal ab als die *ungeheuer wichtige Position*, die jeder Intellektuelle jenseits des Klassenkampfes einzunehmen habe: *die urkommunistische der menschlichen individuellen Freiheit, der spontanen Solidarität und Verbindung der Menschen, des Widerwillens gegen Neid, Haß, Unrecht, Vergewaltigung!* Diese *Ideen* seien *aktiv und angreifend* zu vertreten: *... es sind die größten der Welt und die revolutionärsten.*[140] Ins Publikum gelangte dieser Aufruf unter dem idealistisch-programmatischen Titel *Wissen und Verändern!*

Wir können weder sämtliche Widersprüche, in die Döblin sich verstrickte, bezeichnen noch können wir sie interpretierend ausgleichen. Sie waren ihm zum Teil selbst bewußt, und er hat sich zeitlebens etwas darauf zugute getan, daß er sie unvermittelt aussprach. *Ich habe nie versäumt, wo ich «ja» sagte, gleich hinterher «nein» zu sagen.*

(*Überfließend vor Ekel*) Auch wiesen ihn Rezensenten und Freunde von links und rechts auf sie hin. So wurde – wohl unter dem besonderen Einspruch Brechts und Fritz Sternbergs – alsbald der Plan erwogen, *Berlin Alexanderplatz* durch einen zweiten Roman zu korrigieren. Der *sollte (oder soll?) den aktiven Mann, wenn auch nicht dieselbe Person, geben.* Mit Bezug auf seine Naturmystik reduzierte Döblin den Widerspruch, der ihn gefangen hielt, auf das *mehr passiv-receptive Element mit tragischer Färbung* und das *aktive Element, das mehr optimistisch ist . . . Bisher sehe ich: der Dualismus ist nicht aufzuheben.* (An Julius Petersen, 18. September 1931)

Die *Fanfaren* des Schlusses, die Vision von *Revolution* und *Freiheit* ersetzen das *optimistische* und *aktive Element*, das Döblin weder jetzt noch jemals zu gestalten imstande war, in der optimistischen *Idee*. Der ursprüngliche Schluß zeigte Franz als einen *zögernden*, auf mystische Weise *das Du, das große Du* erwartenden *Herumhorcher . . . Herumlungerer . . . Wenigsprecher.*[141] In der Druckfassung wird das Resultat in das innere Wissen der optimistischen *Idee* und der Form nach (im Sperrdruck abgehoben) in ein ethisches Postulat gebracht:

Es geht in die Freiheit, die Freiheit hinein, die alte Welt muß stürzen, wach auf, die Morgenluft.[142]

Berlin Alexanderplatz hat seit seinem Erscheinen eine merkwürdig einseitige Diskussion um formale Elemente entfacht in einer partikularisierenden Kunst- und Literaturbetrachtung, die einerseits ausschließlich den Gehalt der sozialen Tätigkeit, wie ihn der Roman abbildete, nach dem Klassenstandpunkt überprüfte und bewertete, und die andererseits an die künstlerische Gestaltung im Roman normativ ästhetische Forderungen, durch Georg Lukács abgeleitet von den sogenannten klassischen Vorbildern des modernen Gesellschaftsromans (Balzac, Tolstoj), stellte. Johannes R. Becher hob in seiner scharf ablehnenden Kritik zwei Stilmittel des modernen Romans besonders hervor, die in *Berlin Alexanderplatz* der auktorialen Erzählform durchaus untergeordnet waren: die Montage- und die Bewußtseinsstromtechnik. Brecht – um hier nur die wichtigsten Antipoden der Diskussion zu erwähnen – erkannte beide Techniken als Mittel, die gesellschaftliche Wirklichkeit zu gestalten, an. «Ich habe immer gewußt, daß die Art Ihrer Dichtung etwa das neue Weltbild ausdrücken kann, aber jetzt wird es auch klar, daß sie gerade jenes Loch ausfüllt, das durch die jetzige marxistische Kunstauffassung gebildet wird!» schrieb er, noch vor Ausbruch der ideologischen Debatten an Döblin im Oktober 1928. In späteren Jahren begründete Brecht sein Urteil soziologisch: «Die Arbeiten der Joyce und Döblin weisen, und das in großer Weise, den welthistorischen Widerspruch auf, in den die Produktionskräfte mit den Produktionsverhältnissen geraten sind.» («Notizen über realistische Schreibweise», 1940)

Brecht hat in dieser soziologisch-historischen Ableitung künstlerischer Formen durchaus den Fehler der Kritiker vermieden, die – von Hans Henny Jahnn bis Walter Muschg – die scheinbare Neuartigkeit von Döblins Erzähltechnik aus dem Einfluß von Literatur auf Literatur erklärten und Döblin als Nachahmer von Joyce und Dos Passos darstellten. Die Bewußtseinsstromtechnik war Döblin durch seine psychopathologischen Studien für literarische Zwecke geläufig, die «Dissoziation der Elemente» und ihre Montage war ihm durch den Film, durch die Begegnung mit den Futuristen und späterhin durch die Berliner Dadaisten vertraut. In ihrer Montage huldigte Döblin der (lebensphilosophisch begründeten) Ehrfurcht vor den *allmächtigen Fakten* (*Epilog*), die *bei der ungeheuren Menge des Geformten* im *Kinostil* zu reihen seien, wie Döblin seit 1913 theoretisch entwickelt hat (*An Romanautoren und ihre Kritiker*). Diese *dreimal heilige Sachlichkeit* (*Futuristische Worttechnik*) wird gesteigert bis zur Fetischisierung des Menschen als *Ding unter Dingen* (*Landauer*). So dient die Montage Döblin nicht, wie Becher annahm, der «hemmungslosen Atomisierung» der Außenwelt, sondern ihrer verdinglichten Abbildung, deren Sinn und Kohärenz – da Döblin sie aus den Widersprüchen in den Erscheinungen selbst nicht dialektisch zu entwickeln weiß – sich irrational im subjektiven Gefühl herstellt. Diesen Prozeß – oder auch das psychopathologische Versagen in diesem Prozeß – hat die andere Technik des Bewußtseinsstroms darzustellen. Diese Spaltung in fetischisierte *entseelte Realität* (*An Romanautoren und ihre Kritiker*) und in das fetischisierte *Ich*, in dem sich allein die membra disjecta der Außenwelt gefühlsmäßig zu einem Sinn- und Bedeutungszusammenhang korrelieren, hat Döblin in mehrfachen Variationen theoretisch zu verfestigen versucht. Gerade zu einer Zeit, als diese Polarisierung in ästhetischen Diskussionen analysiert wurde, hat Döblin versucht, beide Techniken zu synchronisieren, sie beide der Gestaltung des *imaginären Raumes neben dem naturalistischen – von äußerster Wichtigkeit für den Autor und für die Vergeistigung des Ganzen* (an Efraim Frisch, 1921) – nutzbar zu machen.

Die Gründe dafür, daß es Döblin nicht gelang, den *imaginären Raum* aus dem *naturalistischen* heraus zu entwickeln, sondern daß er eben nur die Synchronisation des einen *n e b e n* dem andern durchführen konnte, traten uns in der Disparatheit der Romankonzeption entgegen, in jenem doppelten *sichtbaren* und *unsichtbaren Weg* des Franz Biberkopf. Sie liegen tief in dem von Döblin erkannten nicht aufzuhebenden *Dualismus* seines Denkens, in dem sich im Allgemeinsten die Selbstentfremdung innerhalb der monopolistischen Gesellschaftswelt ihr Instrument des Erkennens (und des Transzendierens) schafft. Seit die bürgerlichen Schriftsteller ihre eigene Gesellschaft in dem Widerspruch erkennen und gestalten, «daß ihr Leben abläuft, mit nichts verknüpft» (Rilke, «Die Aufzeichnungen des Malte Laurids Brigge»), reflektieren nicht nur ihre Themen, sondern auch ihre Mittel der Gestaltung diesen Widerspruch. Er ist es, der den Debatten um die «Krise des modernen Romans» seit der Mitte der zwanziger Jahre zugrunde liegt.

In diese weiteren Zusammenhänge gestellt ist die Frage nach der

Bertolt Brecht. Gemälde von Rudolf Schlichter.
München, Städtische Galerie im Lenbachhaus

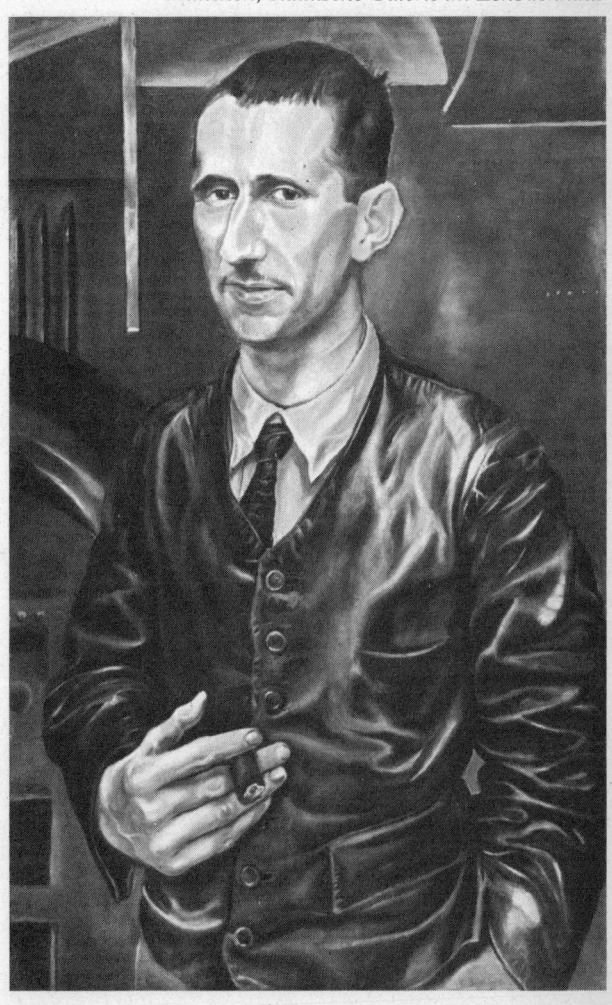

Abhängigkeit Döblins von Joyce und Dos Passos falsch. Zu Recht wies Döblin auf sein Frühwerk, in dem er seine *Technik aus der psychoanalytischen Tätigkeit* schon angewandt habe (an Julius Petersen, 18. September 1931) und auf die Muster *bei den Expressionisten, Dadaisten und so fort* hin, von denen Joyce und er selbst gleichzeitig gelernt hätten. (*Epilog*)

Mit all den aus der Moderne, das heißt in diesem Fall: den seit 1880 entwickelten, von Döblin verarbeiteten theoretischen und praktischen Anregungen lieferte er in *Berlin Alexanderplatz* zur «Krise des Romans» den fruchtbarsten Beitrag, dessen Wirkung 1933 nur unterbrochen wurde. Die großangelegten Romane von Musil, Broch und Jahnn, Brechts «Heilige Johanna» und auch Falladas Werk sind in entscheidenden Punkten von Döblin angeregt worden: in der Lockerung der Fabelführung wie der Mischung von Sprachstilen, im Reichtum an Bildern, Parabeln und Allegorien, in den Assoziationen, und vor allem im Wechsel der Autoren- und der Figurenperspektive, der vorher im deutschen Roman so vielfältig nicht ausgenutzt worden war.

Machtübergabe – Exil

«Erst log allein der Hund,
Nun lügen ihrer Tausend . . .»
Gottfried Keller: «Die öffentlichen Verleumder» (1878)

Zwei Wochen nach Erscheinen von *Berlin Alexanderplatz* brach die
Börse in New York zusammen. Der Schwarze Freitag, 25. Oktober
1929, ließ die bisher schwerste ökonomische Krise des Kapitalismus
zutage treten, und zwar sogleich weltweit und auf Grund der besonderen Abhängigkeit Deutschlands von amerikanischem Kapital besonders in Deutschland mit den verheerendsten Folgen. Die NSDAP
erhielt jetzt von Industrie und Finanz (aus «Arbeitgeberfonds» durch
Hugenberg) jährlich Millionen zum Ausbau ihres terroristischen Pro-
pagandaapparats zugewiesen. Die Machtübergabe an den Faschismus
wurde eingeleitet. Nach den Septemberwahlen des Jahres 1930 dau-
erte es nur noch Monate, bis die Weimarer Republik durch die ersten
Notverordnungen Brünings im März/April 1931 formal rechtlich zu
Grabe getragen war. Döblin war im letzten Jahrzehnt als Literaturkritiker für Musil, Joyce, Kafka und Jahnn, für Proust, Hamsun und Jean
Giono eingetreten, insofern er sie in Einklang mit seiner Theorie des
Epischen bringen konnte. Er hielt Lesungen und Vorträge, richtete in
literarischen Ausschreiben und gehörte zu den ersten, die im Berliner
Rundfunk an literarischen Programmen mitarbeiteten. Er wirkte im
Rahmen der Sektion Dichtkunst der Preußischen Akademie der Künste, der er 1928 zugewählt worden war, und im Vorsitz der Aktionsge-
meinschaft für geistige Freiheit gegen die 1926 einsetzenden Repres-
salien des sogenannten Schmutz- und Schundgesetzes, und stellte –
wieder im Rahmen der Akademie – mit Heinrich Mann Pläne für ein
neues, für die Schulen bestimmtes Volkslesebuch auf. Seit 1920 war
er Vorstandsmitglied des Schutzverbandes Deutscher Schriftsteller,
seit 1924 dessen Erster Vorsitzender. All diese kulturpolitischen
Bemühungen tendierten zu politischem Engagement. In Döblins
Teilnahme – 1928 – an den Protesten gegen den literarischen «Hochverrats»-Prozeß gegen Johannes R. Becher mag man allerdings den
Höhepunkt dieses Engagements erblicken.

Mit Erna, um 1930

Andere damals hergestellte politische Kontakte trugen den Charakter persönlicher Erkundungen. Seine Berührung mit Berliner Zionisten in den Jahren 1923 bis 1925 bildete im Exil den Ausgangspunkt für einen über zwei Jahre hinweg unternommenen Versuch, seine Idee von der Nation der Juden gegen den Faschismus als jüdischen Territorialismus in der «Freilandbewegung» zu konkretisieren. Sein Beitritt (1924) zur Gesellschaft der Freunde des neuen Rußland besiegelte sein seit 1917 waches Interesse am Aufbau des Sozialismus, und zwar so grundsätzlich, daß er noch im September 1931 gegen die antisowjetische Hetze der Deutschen Welle bekannte: *Ich höre lieber Moskau direkt . . . ich wünschte nur, daß noch mehr Leute Rußland hören könnten!* («Rote Fahne», 3. September 1931; Arbeiter-Sender, 4. September 1931) Auch nach 1945 ließ er sich nicht direkt in die Kampagnen des Kalten Krieges einspannen.

Dieselben Tendenzen versuchte *eine kleine Linksradikale Gruppe* (an Becher, 10. September 1956), die Gruppe 1925, zu verfechten. Ihr gehörten nächst Döblin, Becher, Ernst Blaß, Bloch, Brecht, Friedrich Burschell, Albert Ehrenstein, Leonhard Frank, Georg Kaiser, Hermann Kasack, Egon Erwin Kisch, Rudolf Leonhard, Oskar Loerke, Walter Mehring, Erwin Piscator, Kurt Tucholsky, Fritz Sternberg, Hermann Ungar, Ernst Weiss, Alfred Wolkenstein und andere an. Sie brachte über einige gemeinsam unterzeichnete Proteste jedoch keine Öffentlichkeitsarbeit zustande. Wie unverbindlich Döblins persönliche Erkundungen blieben, zeigt der letzte kleine Diskussionskreis, dem Döblin selbst vorstand. Zu ihm sind die unter dem Druck der Weltwirtschaftskrise ansteigenden Skrupel in Döblins Denken – die wir sonst aus seinen Manifestationen erschließen müssen – separat überliefert.

Es war eine Gruppe Gleichgesinnter, in die Döblin sich zurückzog – oder er setzte bei ihnen doch *eine ungefähre Kenntnis und allgemeine Übereinstimmung mit meinen grundsätzlichen Gedanken* voraus (Rundschreiben, 22. Oktober 1931). Vom Mai 1931 bis zum Februar 1933 trafen sich Gottfried Bermann(-Fischer), Heinz Gollong, Camill Hoffmann, Monty Jacobs, Oskar Loerke, Max Osborn, Walter H. Perl, Harro Schulze-Boysen, Victor Zuckerkandl oder auch nur einige wenige von diesen in unregelmäßigen Abständen in Döblins Wohnung (die seit Anfang 1931, nach mehr als 40 Jahren, vom Osten Berlins nach Charlottenburg verlegt war). Es ging hier, wie in *Wissen und Verändern!*, um «Probleme des Sozialismus, wohl als Opposition gegen die aufkommende Flut des Nationalsozialismus»[143] (Walter H. Perl), also um die konkrete Vermittlung von Theorie und Praxis. Und es ist eben dieser Bezug, der von Döblin desto heftiger zerrissen wird, je stärker die Konkretheit der Situation seine praktische Befestigung fordert. Jene Disparatheit zwischen dem *vollkommen privaten Menschen* und der *Verpflichtung, geistige Hilfe zu leisten*, die der *Offenen Antwort* an Hocke vorangestanden hatte, führt nun zur Kapitulation vor *Zeit* und *Welt*. In dieser Kapitulation wird der Schutz der Selbsterhaltung erblickt. *Wir leben in einer widerspenstig verkrampften Zeit. Die Verworrenheit ist enorm groß . . . Unter diesen Umständen gegen die Welt zu rennen und sie umwälzen zu wollen, heißt Kraft verschwenden.* (Rundschreiben, 7. Dezember 1931)

Ein Manifest betreffend, zu dem der Kreis sich endlich entschließen wollte, heißt es: *Wer jetzt hervortritt und anrufen will, muß anrufen, um nach einer der beiden Seiten* (Faschismus/Sozialismus) *zur Entscheidung zu führen. Dies ist aber nicht die Absicht, die gerade uns jetzt leitet.* Und welche *Absicht* leitet *uns* jetzt? Döblin versteht ein *vernünftig praktisch arbeiten* jetzt als *einen Meinungsaustausch über die Dinge, die jeder für sich vorhat und die er zur Diskussion stellt, und über Dinge, die wir gemeinsam beabsichtigen* (Rundschreiben, Juni/Juli 1932).

Hier ist der Punkt, festzustellen, wohin das kleinbürgerliche Syndrom, das Döblin getragen und ihn unter der «freiesten Verfassung der Welt» zu so schillernder, anregender Entfaltung hatte gelangen lassen, unter dem Druck polit-ökonomischer Unfreiheit, wenn weder Unterwerfung noch Auflehnung (*Kandare oder ganz lockere Zügel*) das geringste bewirken, weiterführt: Es führt nicht nur in die Sphäre des Privaten, sondern in die der Isolation. Es ist diese Sphäre, in der eine Stagnation des intellektuellen und künstlerischen Vermögens, wie sie an Döblin seither zu beobachten ist, geradezu wuchern kann. Die in *Wissen und Verändern!* gegen jedes konkrete gesellschaftliche Handeln und also auch gegen die Kämpfe der gesellschaftlichen Klassen und deren Organisation gerichtete Feststellung: . . . *wir haben das idealste Ferment in uns, das umsetzt und sich im Umsetzen der Stoffe niemals erschöpft*[144], findet seine Entsprechung im Abschluß von *Giganten*. In dieser Fassung von *Berge Meere und Giganten* wird die religiöse Bescheidung der *Siedler* überhöht durch ihre Ehrfurcht vor *dem Gesetz.* Das *große Gesetz* bleibt indessen genau so leer wie in Kafkas Parabel «Vor dem Gesetz» und predigt dieselbe Unterwerfung unter seine Leere wie im Werk Kafkas. «*Eine Welt, die den Schmerz und die menschliche Erniedrigung nicht kennt, lebt nicht.*

. . . *Das Leben wird immer ein Wagnis sein. Aber es ist auch mehr als ein Wagnis. Das Gesetz ist da.*

. . . *Wir konnten uns nicht verteidigen gegen dies Wort. Das Gesetz ist keine Lehre. Keiner von uns wird es aussprechen können, aber es ist darum nicht weniger wahr.*»[145]

Dies waren die letzten Worte des Romanciers Döblin, bevor er Nazi-Deutschland verlassen mußte. Döblin blieb von nun ab gegenüber seiner *widerspenstig verkrampften Zeit* befangen im unverbindlich Spekulativen, im Diktat von Dogmen, in der Isolation. Das konfabulierte *große Gesetz* gesellschaftlich-geschichtlichen Lebens hat er zu keiner Zeit *aussprechen können.*

Am 28. Februar 1933, einen Tag nach dem Reichstagsbrand, verließ Döblin, gewarnt von Freunden, Deutschland. Er wurde zunächst von Ludwig Binswanger, Kreuzlingen/Schweiz, aufgenommen, lebte im Glauben an eine rasche Rückkehr nach Berlin mehrere Monate in

Zürich und zog im November 1933 nach Paris – *die Schweiz ist teuer, auch sehr «frontistisch» infiziert.* (An Hermann Kesten, 6. Juli 1933) Aber vorher, von Zürich aus, war noch sein Verhältnis zu zwei deutschen Dienststellen zu klären:

Nachdem vom Reichskommissar für das preußische Kultusministerium Bernhard Rust im Februar der Ausschluß Heinrich Manns aus der Preußischen Akademie der Künste erzwungen worden war, wurde in diesem Institut die Gleichschaltung zügig fortgeführt. Im März wurde von seinen Mitgliedern ein Revers eingefordert, der ihnen «unter Anerkennung der veränderten geschichtlichen Lage» die Verpflichtung auferlegte «zu einer loyalen Mitarbeit an den satzungsgemäß der Akademie zufallenden nationalen kulturellen Aufgaben».

119

Döblin antwortete postwendend: *Mit Recht kann von den, einer staatlichen Instanz angegliederten Akademiemitgliedern eine politische Loyalitätserklärung verlangt werden, und ich kann sie ohne Weiteres abgeben, – da ich kein Politiker bin, nicht im mindesten im politischen öffentlichen Leben stehe; mein episches und philosophisches Werk liegt offen zu Tage und zeigt meine Weltanschauung und meine Kunstart. Ich stelle dem Herrn Curator der Akademie anheim dies zu überprüfen.* (An Max von Schillings, 17. März 1933) Einen Tag später erklärte Döblin *als Mann jüdischer Abstammung* seinen Austritt aus der Akademie, hielt aber daran fest, daß er *die geforderte Loyalitätserklärung bejahe.* (An Schillings, 18. März 1933)

Die dem Beauftragten Hitlers, Alfred Rosenberg, unterstehende Reichsstelle zur Förderung des deutschen Schrifttums begann im Oktober dieses Jahres wahrzunehmen: «Die literarischen Emigrantenzeitschriften in den verschiedenen Ländern westlich, östlich und südöstlich von uns häufen sich.» Sie prangerte im «Börsenblatt für den Deutschen Buchhandel» unterm 10. Oktober 1933 die von Klaus Mann herausgegebene Zeitschrift «Die Sammlung» (Amsterdam), die «Neuen deutschen Blätter» (Prag) und den «Wiener Bücherwurm» an mit der Aufforderung, ihre Verbreitung zu verhindern, andernfalls man sich «des geistigen Landesverrats schuldig» machen würde. Döblins Beitrag *Jüdische Massensiedlung und Volksminoritäten* im ersten Heft der «Sammlung» wurde als Beispiel der «Hetze» gegen das Reich und damit als Beweisstück des «Landesverrats» ebenso gebrandmarkt wie die angekündigte Mitarbeit Thomas Manns und René Schickeles und die Beiträge Heinrich und Klaus Manns. Durch Sendboten hatte der S. Fischer Verlag seine Autoren gebeten, für diesen Fall öffentlicher Einschüchterung Erklärungen, in denen sie sich von politischer Tätigkeit in der Emigration distanzieren würden, einzusenden. Thomas Mann und Schickele waren dieser Bitte zur Enttäuschung ihrer Freunde in vorsichtigen Wendungen gefolgt. Döblin ging in der zweiten *politischen Loyalitätserklärung* dieses Jahres weiter als sie. Er telegrafierte: *Desavouiere jede schriftstellerische und politische Gemeinschaft mit Herausgeber der Zeitschrift Sammlung. Bitte das in geeigneter Form beschleunigt bekanntzugeben. Tendenz der Zeitschrift war mir unbekannt.*[146]

Noch in Berlin hatte Döblin nach den Lehrbüchern des Alten Testaments, dem Spruch Salomonis 16,18: «Wer zu Grunde gehen soll, der wird zuvor stolz, und Hochmut kommt vor dem Fall», die komische Geschichte von der Menschwerdung eines *babylonisch-chaldäisch-assyrischen*[147] Gottes entworfen. Der Fluch Jeremias nötigt diesen prassenden Gott zur Erde herab, und nach einem *Vorspiel im Himmel* beginnt seine irdische Wanderung in Babylon. Es ist die Wanderung durch Berlin–Ninive, die Franz Biberkopf angetreten hatte; es ist die Döblins Gesamtwerk bestimmende Thematik des Selbstopfers, die hier abermals inszeniert wird. Dieser dicke Gott erfährt nun global, was Franz Biberkopf an seiner Nazi-Bande erfahren hatte: Zum Beispiel am Kampf des Mithridates gegen die Römer: *«Du denkst, hier werden Menschen geschlachtet . . . Hier wird gehandelt und Ordnung geschaffen.»*[148] Diese von dem mephistophelischen Begleiter – *Satan, der neue Gott der Erde. Wissenschaft und Praxis kennen keinen andern*[149] – durch Jahrtausende der Menschheitsgeschichte exemplifizierte Idee der *Ordnung* ruht auf *Kraft* und *Gewalt*, wie er im Anblick des Kosmos doziert: *Wer die größte Kraft hat, regiert und bestimmt die Ordnung bei den andern, und das erkennen sie auch ohne weiteres an. Die Gewalt allein . . . schafft Ordnung, Gerechtigkeit . . .*[150] Diese *Gerechtigkeit*, eine neue Abstraktion in Döblins Denken, bleibt so unbestimmt wie *das Gesetz* der *Giganten*. Aber sie weist wie jenes zurück in die biologistischen, ja rassistischen Vorstellungen, die Döblin angesichts des *naturalistischen Zeitalters* von langer Hand her entwickelt hatte und nun auch auf sein Erlebnis des Faschismus überträgt. Ein Ausweg war nicht sichtbar. Dem fetten Gott, *zum Büßen in die Welt geschickt*[151], schlägt weder der unterwürfige Rückzug in einen idyllischen Garten (nach Voltaires «Candide») noch eine Landnahme (nach Goethes «Faust» II) zum auch nur seelischen Gewinn aus. Er verendet in einem Traum vom Himmel und seinen Sternen (wie die sinkenden Passagiere der *Lusitania*).

Es ist der Irrwitz des Kaleidoskops, der diesen Roman strukturiert. Mit Jean Paul, der Romantik oder gar der Satire der Rationalisten hat dies alles nichts zu tun, sondern mit der wirren und verinnerlichten Reproduktion der Weltgeschichte in Vergangenheit und Gegenwart, wie sie zu persönlichem Gebrauch einer sogenannten «Bildung» spezifisch dem Kleinbürger entspricht. *Mein Buch geht avanti . . . und je nach dem Ort, an dem ich lande, (ich meine real) wird das Buch enden . . . 75% stehen auf Paris. Ja, ich alter Germane, Pommer.* (An Ferdinand Lion, 28. April 1933) Der jüdische Emigrant *landete* in Paris. 1934 erschien das Werk im Querido Verlag, Amsterdam – der von nun an bis 1940 Döblins Schriften verlegte –, unter dem Titel *Babylonische Wandrung oder Hochmut kommt vor dem Fall.*

Im Laufe des Jahres 1934 hatte Döblin erkannt, daß an eine schnelle Rückkehr nach Deutschland nicht zu denken sei. *Komik* und *Lächerlichkeit* des Emigrantendaseins wichen einer *Scham*, die sich in der Annahme kollektiver Schuld am Aufkommen des Faschismus ihr Urteil sprach: *Wir haben unsere Pflicht versäumt.* Döblin begriff unter *wir* die *vorangehend herrschende demokratische, liberale etc. Schicht,* (an Thomas Mann, 23. Mai 1935). Über diese *herrschende Schicht*

Ich verließ Ende Februar 1935 Deutschland, weil ich mich (nach zahllosen Presseangriffen) bedroht fühlte. Außerdem, warum sollte ich in Deutschland sein, wo man meine Bücher verbot und „verbrannte", mich aus der Akademie wies, wo kein Verleger meine neuen Arbeiten drucken konnte, da ich nicht zur Schriftstellerorganisation zugelassen war, — wo man mir die ärztliche Kassenpraxis nahm, — meinen Söhnen die Berufe sperrte, — und von wo man mir (merkwürdiger Scherz) zum Schluß noch ins Ausland eine große Steuerforderung nachschickte?

Aus «Das Wort», Moskau April/Mai 1937. Die Angabe «Ende Februar 1935» ist vermutlich ein Druckfehler. Döblin verließ Deutschland Ende Februar 1933

fällte er mit seinem nächsten Roman *Pardon wird nicht gegeben* sein Urteil.

Die Positionen des *Berlin Alexanderplatz* werden auch hier wiederholt. Wie Biberkopfs *Geschichte* die Geschichte von einem war, der langsam *zerbrochen wird*, so heißt es von der Hauptfigur jetzt, er sollte *langsam über einem kleinen Feuer gebrannt werden*[152]. Ihre düsteren Farben empfängt die Geschichte Karls vom Ende her: dem Zusammenbruch seiner selbst, seiner Familie, seines Betriebs, seiner Klasse. Franz Biberkopf gelangte durch seinen Zusammenbruch zu einer abstrakten Ahnung der *Freiheit*. Karl hingegen geht unter, und mit ihm jener Teil der Bourgeoisie, dem er sich angeschlossen hatte, als dessen Repräsentant er von Döblin gezeichnet wird. *Was ihn trieb, verstand er nicht, er sah sich als Beute von etwas, das er nicht war und doch war . . . es war die Gesellschaft, die Klasse, deren Leben er bisher geführt hatte, deren Güter er erstrebt hatte.*[153]

Darüber hinaus ist der Roman als *Familiengeschichte mit autobiographischem Einschlag* (*Epilog*) geschrieben. Der *Erste Rückblick*, den Döblin während der Niederschrift von *Berlin Alexanderplatz* auf sein Leben und seine Herkunft getan hatte, breitet unverhüllt die familiären Erlebnismaterialien aus, die hier im Roman verarbeitet sind. Hinzu kam der Selbstmord des emporgekommenen Bruders Ludwig als Folge der Wirtschaftskämpfe 1929. Mit dieser persönlichen Fundierung dringen in die zeitgeschichtlichen Probleme psychologische ein, und Döblins alte Frage nach der *Schuld* erhält abermals in einem metaphysischen Schicksalsglauben ihre Antwort. Karl findet in blutigen Unruhen seinen Tod so bewußtlos und unaufgeklärt durch die anarchistisch-sozialistischen Gegenpositionen, die sein Bruder vertritt, wie Franz Biberkopf in den Stupor fällt. Der Tod der Person ist das Opfer seiner Klasse. *Das Bürgerkleid war zerrissen, jetzt fraß es ihn und machte ihn zum Opfer.*[154] Dieser übergeordnete Aspekt erlaubt es Döblin, das Ende dieses Lebens der kathartischen Reinigung des Geschichtsbildes, das er im Roman entworfen hat, nutzbar zu machen. Noch einmal projiziert er seine abstrakt-revolutionären Hoffnungen über die Geschichtsereignisse und rekapituliert damit den dualistischen Schluß von *Berlin Alexanderplatz*: . . . *das Verlangen nach Menschenwürde war aus seinem alten Zufluchtsort, den Träumen der Dichter und einzelner Kämpfer, herabgestiegen und hatte sich der Massen bemächtigt. Es sollte sie nicht wieder verlassen.*[155]

Pardon wird nicht gegeben mag als der Höhepunkt in Döblins dichterischem Schaffen angesehen werden. Das hängt nicht allein mit dem offenbaren epochengeschichtlichen Gehalt des Werks zusammen (der läßt zu wünschen übrig), sondern auch damit, daß Döblin 1930 mit intensiver Lektüre Balzacs und Prousts begonnen und sein Interesse an französischer *Kultur – sie ist besser, klarer und diesseitiger als die deutsche* (an Rosins, 23. März 1934) im Exil neu belebt hatte. Er las nun Pascal, Corneille und auch den vormals übergangenen Stendhal. Er gewann in diesen späteren Jahren einen Einblick in die Darstellungsweise des französischen Gesellschaftsromans.

In seiner letzten bedeutenden romantheoretischen Äußerung hat er die Traditionslinie Balzac–Stendhal über Flaubert bis Zola und Maupassant erweitert und hier *die Erkenntnis der Wirklichkeit, und speziell der persönlichen und gesellschaftlichen Wirklichkeit, eine Sonderaufgabe des Romans* genannt. (*Der historische Roman und wir*) Das ist eine Wiederaufnahme der romantheoretischen Bestimmungen, wie sie in Frankreich seit Balzacs «Ápropos» zur «Comédie humaine» von seinen Nachfolgern reflektiert wurden. Döblins Credo des Realismus war damit auch historisch begründet.

Den neu befestigten Einsichten hat die weitere schriftstellerische Praxis nicht entsprochen. Der noch eben erkannten Gefahr, daß der moderne realistische Roman in sich zwei extreme *Tendenzen* berge, *Märchengebilde mit einem Maximum an Verarbeitung und einem Minimum an Material – und Romangebilde mit einem Maximum an Material und einem Minimum an Verarbeitung* zu werden (*Der historische Roman und wir*), ist Döblins Werk seit der *Babylonischen Wandrung* erlegen. Und zwar im Sinn beider *Tendenzen,* dem Auseinanderklaffen montierter Fakten und ihrer *märchen*haften Deutung.

Das Land ohne Tod, 1935 bis 1937 entstanden, nimmt die Eroberung Südamerikas zum Vorwand, eine allgemeine menschliche Verderbtheit anzuklagen. Es schildert die europäischen Eroberer wie Wallenstein als Getriebene. *Sie mußten über die ganze Erde ausschwärmen . . . Es trieb sie und trieb sie.*[156] Was sie wollten, war:

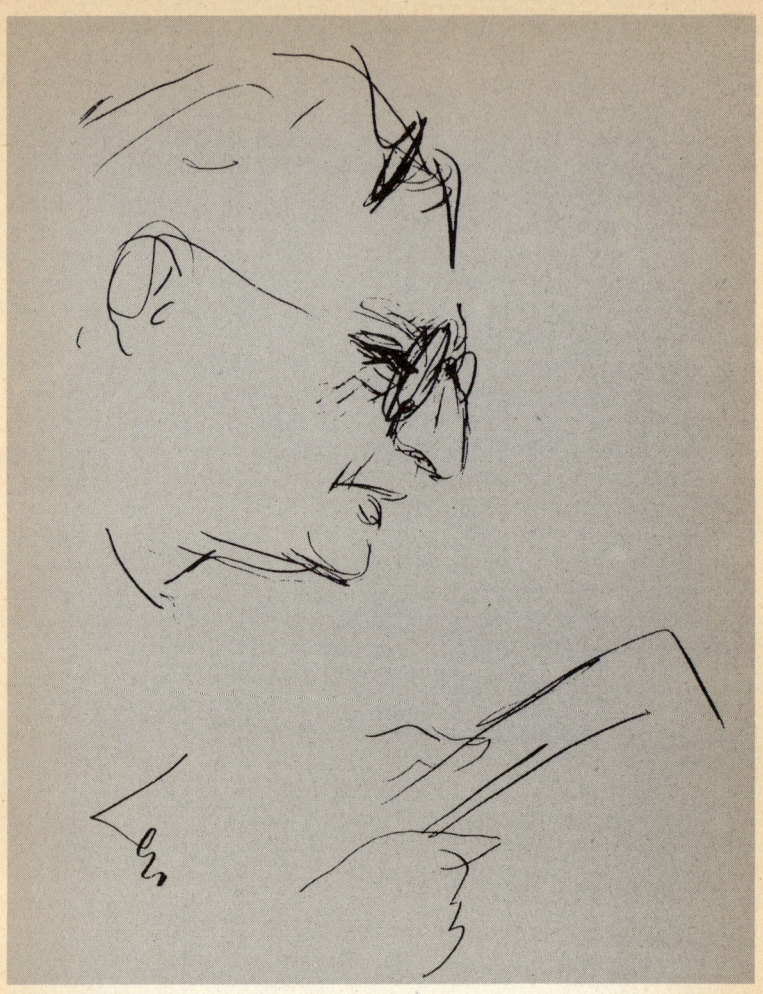

Bleistiftzeichnung von Benedikt Fred Dolbin

sterben oder verwandelt werden.[157] Im neuen Erdteil kommen sie an *wie eine Krankheit in einem Körper*[158]. Mit dieser Irrationalisierung der Geschichtsvorgänge verbindet Döblin eine religiöse Problematik. Eine Lösung hat Döblin nicht gefunden. Ja er hat geradezu die Naturreligiosität der Eingeborenen und die christliche Religion als Antithesen gesetzt, zwischen denen eine Vermittlung nicht möglich sei. So mündet die historische Phantasmagorie in das Aufzeigen des Bösen als ewig wirksamer Kraft. *Was früher Bluthunde und Feuerwaffen gegen nackte Eingeborene mit Pfeil und Bogen leisteten, taten Reden, Zeitung, Radio, Polizei, Gefängnis. Man stürzte die Gedanken der Menschen um, bis kein Begriff mehr auf dem andern stand, dann hatte man die Menschen als zahme Irre in Gattern. So hatten sich die Methoden seit der Zeit des müden fünften Kaiser Karl . . . verändert.*[159] Der gesellschaftliche Gehalt bleibt *böse* von Anbeginn. Döblins Verständnis des Faschismus und seines Funktionierens ging nicht über das der päpstlichen Enzyklika «Mit brennender Sorge und steigendem Befremden», die Pius XI. im März 1937 als Warnruf vor dem Nationalsozialismus versandte, hinaus. – Gleich im Anschluß begann Döblin, die Trilogie *November 1918* zu entwerfen. In ihr wird die politische Geschichte zum Kampf des satanisch *Bösen* mit den Engeln um die Seele des Menschen verdünnt. Alttestamentarische Vorstellungen werden überlagert von neuzeitlich christlichen und christologischen. Der Isolationismus Döblins heißt ihn (und die Romanfigur des Revolutionärs Friedrich Becker), das immer gesuchte Einheitserlebnis mit der Welt in der Entpersönlichung zu suchen, wie sie die Mystik lehrt. Die letzten *Belehrungen über einige himmlische Dinge* spricht im Roman *der alte Johannes Tauler*[160] aus.

Ich sehe außer Kesten und einigen Herren jüdischer Organisationen keinen Menschen hier, Deutsche überhaupt nicht, Emigranten schon gar nicht (an Gottfried Bermann, 12. Januar 1934): dieser Separatismus bestimmte Döblins Leben im Exil, auch als der französische Freund Robert Minder ihn mit Jules Romains, Jean-Paul Sartre, Simone de Beauvoir und Jean Wahl zusammenbrachte. «Von vornherein fühlte er sich infolge ungenügender Sprachkenntnis französischen Partnern gegenüber unter dem eigenen Niveau, verkrümelte sich, schwieg» (Robert Minder). Über eine Begegnung mit Joyce wußte Döblin nicht mehr zu sagen als *Wir sahen uns an und schwiegen.* Minder vermittelte Döblin die Mitarbeit an antifaschistischer Propaganda im 1939 gegründeten Informationsministerium. Ein Verhältnis Döblins zum Minister Jean Giraudoux wollte sich nicht herstellen. – Zu den deutschen politischen Gruppen in Paris fehlte jeder Kontakt. Döblin reihte sich nicht den Freundeskreisen der deutschen Volksfront ein, beteiligte sich nur am ersten der 1935, 1937 und 1938 tagenden Kongresse der Internationalen Schriftstellervereinigung zur Verteidigung der Kultur als Gasthörer. Er war mit der SPD zerfallen, hatte also auch zum Emigrationsvorstand dieser Partei in Paris keinerlei Verbindung. Im Gegenteil: Während Döblins 60. Geburtstag vom Bund Neues Deutschland und vom Schutzverband Deutscher Schriftsteller begangen wurde, setzte der Gefeierte an, den Trennungsstrich zwischen sich und den demokratischen und sozialistischen

Autoren im Exil endgültig zu ziehen. In jener Schrift von 1938, *Die deutsche Literatur (im Ausland seit 1933)*, verurteilte er jede koordinierte Zusammenarbeit: *Es ist lächerlich und herausfordernd, wenn sich Theoretiker (und Autoren) hinstellen und zu sogenannten «antifaschistischen» Werken animieren.*[161]

Die letzte Etappe im Exil führte Döblin in völlige Vereinsamung und bittere materielle Not. Nach Irrfahrten durch Frankreich, im Ungewissen über den Verbleib der Familie, seit der Beendigung des deutschen «Blitzkrieges» mit einem Waffenstillstand im Juni 1940 von der Auslieferung an die Nazis bedroht, war es, besonders auf Betreiben Hermann Kestens, gelungen, Geld für eine Schiffspassage zu überweisen. Mit Notvisen für die USA gingen Döblin, seine Frau und der Jüngste am 3. September an Bord der «Nea Hellas». Sie landeten am 12. September in Hoboken, New Jersey, und schon im Oktober in Beverley Hills, dann Hollywood, Kalifornien, dem Asyl der nächsten fünf Jahre. Scheinverträge als Scriptwriter bei Metro-Goldwyn-Mayer waren die Basis für die Einreisevisen gewesen und sicherten Döblin, Heinrich Mann und einigen anderen für ein Jahr ein Wocheneinkommen von 100 Dollar. Aus der desinteressierten Mitarbeit Döblins an einigen MGM-Filmen verdienen «Die verlorenen Jahre» (nach dem Roman von James Hilton «Random Harvest») Erwähnung. Es ist die Geschichte einer zweifachen Amnesie, die Döblins *Hamlet*-Konzeption angeregt haben mag. Nach Ablauf des Vertrags im Oktober 1941 lebte Döblin (wie Heinrich Mann) von *Arbeitslosenunterstützung, das ist 18 Doll. wöchentlich, auf 30 Wochen* (an Rosins, 14. Dezember 1941). Dann begann die Abhängigkeit von privaten Spendenfonds. So gut wie nichts wurde veröffentlicht. Die Unkenntnis auch der englischen Sprache verhinderte Kontakte. Aber sie wurden auch nicht gesucht. Das Resümee des amerikanischen Exils lautet: *Wir haben wenig, nur deutschsprachige Freunde hier. Man lebt völlig isoliert . . . ich habe keinen Sinn für diese Leute, ihre Art ist mir fern (haben sie überhaupt eine tiefere Art?), darum klingt hier nichts von mir.* (An Victor Zuckerkandl, 18. März 1945)

In diesen Jahren der Isolation suchte Döblin den Zwiespalt seines Denkens und Empfindens durch den förmlichen Eintritt in die katholische Kirche auszugleichen. Angeleitet von Jesuiten, wurde Döblin, und mit ihm seine Frau und Sohn Stephan, im November 1941 Konvertit. Das hat ihn im Alter weder einsichtiger noch milder gemacht.

Los Angeles, 1942

Rückkehr
nach Deutschland –
Verlassen der BRD

«Zum Aberglauben des modernen Menschen . . . gehört sehr oft ein intellektuelles schlechtes Gewissen, d. h. das Bewußtsein dessen, daß man es bloß mit einem Produkt des subjektiven Bewußtseins zu tun hat, nicht mit einer von diesem unabhängig existierenden objektiven Wirklichkeit.»
Georg Lukács: «Ästhetik» (1963)

Nicht allein seine wirtschaftliche Misere, auch die Hoffnung auf eine zu leistende *Wiederaufbauarbeit* (an Rosins, 4. Oktober 1943) ließen ihn als einen der ersten deutschen Schriftsteller aus der Emigration nach Deutschland zurückkehren. Großen Illusionen über die politischen Konstellationen gab er sich nicht hin: *hüben und drüben wird man sich des Landes bedienen wollen, als Bundesgenossen;* er sah *gewiß Frieden* voraus, aber einen *mit verhüllten Spannungen und mit Verschiebung der doch notwendig gewordenen wirtschaftlichen und sozialen Neuordnung.* (An Arthur Rosin, 12. Juni 1944)

Als Döblin im November 1945 trotz Abratens der französischen Freunde Ernest Tonnelat und Robert Minder in Baden-Baden, *GMZF-DGAA (Edu)* *(diese mystische Adresse bedeutet: gouvernement militaire zone française, direction générale affaires administratives Éducation)* (an Rosins, 25. November 1945), eintraf, stieß er auf das, was Kulturkritiker den «Nullpunkt» und Literaturkritiker den «Kahlschlag» genannt haben. Das waren bezeichnende Metaphern, die nach zwei Seiten funktionierten: Sie entschuldigten Krieg und Nachkrieg als Elementarereignis und gaben der Hoffnung Ausdruck, daß unter günstigeren klimatischen Verhältnissen, als der Faschismus sie gewährte, das Barometer der Kultur steigen und die neu zu pflanzende Schonung alsbald zu Wäldern der Literatur emporwachsen würde. Es war ein geschichtsfeindlicher Wahnsinn, der hier grassierte. Die Elemente seiner geistigen und künstlerischen Vorstellungen entnahm er noch immer den Krisenjahren um 1930. Karl Jaspers' Schlußfolgerung aus dem Traktat «Vom Ursprung und Ziel der Geschichte» (1949): «Für das transzendierende Bewußtsein der Existenz verschwindet die Geschichte in der ewigen Gegenwart», rekapitulierte den Gehalt seiner Schrift «Die geistige Situation der Zeit» (1931). Heidegger begründete seine ontologische Metaphysik mit seinen Universitätsvorlesungen und Vorträgen der dreißiger Jahre. Jochen Kleppers Roman vom preußischen Soldatenkönig «Der Vater» (1937), Frank Thieß' «Das Reich der Dämonen» (1941), beides Werke der sogenannten «Inneren Emigration», verbreiteten als Bestseller die irrationalen geschichtsphilosophischen Prämissen in den fünfziger Jahren. In diesem allgemeinen Rückzug aus der Geschichte in die Natur – oder in das Seiende – hätte auch Döblin mit seiner Naturmythologie und seiner christlichen Mystik Platz finden können. Zudem teilte er mit den meisten seiner Kollegen und Zeitgenossen den Ideenglauben: *Erst kommt «die Moral» und dann «das Fressen». Ich bin dessen absolut sicher.* (An Rosins, 10. März 1947) Von gesellschaftlichen Bedingungen war bei all diesen Erwägungen keine Rede, höchstens von Papierknappheit und Verlagslizenzen.

Aber aus diesen Gemeinsamkeiten heraus komplizierten sich die Fronten. Das Befremden, das Döblins Konversion bereits in Los Angeles durch das Demuts- und Schuldbekenntnis in seiner Ansprache zu seinem 65. Geburtstag ausgelöst hatte (Brecht: «so die irreligiösen Gefühle / Seiner Zuhörer verletzend»; «Peinlicher Vorfall», 1943), wirkte fort. Andererseits nahm Döblin in katholischen Zeitschriften («Michael»; «Aussprache») die Tendenzen einer westlichen *Heiligen Allianz* (an Arthur Rosin, 12. Juni 1944) wahr, die er schon im Exil befürchtet hatte. Die Neubewertung Ernst Jüngers gehörte für Döblin zu diesen Tendenzen ebenso wie *das Liebäugeln* mit Franco – *es heißt hier gerade einen scharfen Strich ziehen. Sollten die Herren vom ‹Michael› noch nicht darüber nachgedacht haben und fürchten sie nicht eine gute Sache zu kompromittieren?* (An Karl Thieme, 21. April 1950)

Denn Döblin war und blieb Gegner der antikommunistischen Hetze, die sich seit der Gründung der beiden deutschen Staaten zum innerdeutschen Kalten Krieg zuzuspitzen begann. *Völkerfrieden, Cooperation* gehörten zu den ersten Grundsätzen seiner Kulturpolitik (an Wieland Herzfelde, 25. Dezember 1945). *Es darf kein Graben quer durch Europa gezogen werden . . . Rußland ist ein frisch modern, ja preußisch concipiertes Gebilde; man kann es das jüngste Kind Europas nennen, – was soll da der Graben? . . . Hinter der angeblich notwendigen «Entscheidung» zwischen dem angeblichen «Osten» und dem ebenso angeblichen «Westen» sehe ich nichts anderes als den alten, von Deutschnationalen des vorigen Kriegs und den Herren des letzten Kriegs geschätzten Angriffswillen gegen den Osten . . .* wurde ein engster Mitarbeiter ermahnt (an Paul Lüth, 6. Mai 1946). Diese Haltung Döblins – wie sehr sie auch Imperialismus und Faschismus lediglich als politisches Instrument von *Gruppen und Kliquen* oberhalb der

Nationen begriff, *und die Wirtschaft fügt sich* (an Rosins, 14. Dezember 1941) – stand den Interessen der westlichen Alliierten und dann der Regierung Adenauer entgegen. Unter den objektiven Gründen, auf denen Döblins durchgehender Mißerfolg in Nachkriegsdeutschland beruhte, gehört dieser zu den allgemeinsten und wichtigsten.

Andere Gründe kamen hinzu. Die weltlichen Schriften, die Döblin jetzt vorlegte – zu nennen sind vornehmlich die später sogenannte *Amazonas*-Trilogie *Das Land ohne Tod* und das dreibändige *Erzählwerk November 1918* – waren von rohester Kunstlosigkeit und diffusem Gehalt. Sie konnten weder ästhetisch noch ideologisch den «Kahlschlag» aufforsten helfen. Sie wurden bis in die späten fünfziger Jahre hinein als verlagsneue Remittenden verramscht. Döblin gewöhnte sich unter diesem Eindruck, der seine Hoffnung auf ein großes come back (*ich habe hier im Lande, welches ja vom Rhein bis zur Oder reicht, massenhaft Verlagsmöglichkeiten und -angebote*; an Herzfelde, 2. März 1946) zunichte machte, von einem *Boykott* zu sprechen (seit dem Brief an Sascha und Ludwig Marcuse vom 16. August 1951 des öfteren).

Endlich seine Kulturpolitik: Seine Absicht, *Erstens den Emigrierten wieder das Tor öffnen* (an Herzfelde, 25. Dezember 1945), *im Lande zeigen . . . was man draußen gearbeitet hat . . . dazu die Produktion im Lande . . . mit alleiniger 100%er Ausschließung alles Nazistischen und Profaschistischen* (an Brecht, 25. November 1945), konnte er in der Monatsschrift für Literatur und Kunst «Das Goldene Tor» mit Unterstützung der französischen Militärbehörden verwirklichen. Er lud gleich nach seiner Rückkehr Becher, Brecht, Bloch, Albert Ehrenstein, Feuchtwanger, Oskar Maria Graf, Wieland Herzfelde, Hermann Kesten, Fritz Landshoff, Rudolf Leonhard, Heinrich (ja zunächst auch noch Thomas) Mann, Ludwig Marcuse, Anna Seghers, Paul Wiegler und ihm aus den zwanziger Jahren bekannte, nicht emigrierte Autoren wie Otto Flake und Hermann Kasack zur Mitarbeit und Mithilfe ein. Allein er gab schon bald dem Vor- und Wiederabdruck eigener Werke zuviel Raum und setzte in der Rubrik *Revision literarischer Urteile* als *Geistesrevolutionär* seine herabsetzenden Sticheleien des Pariser Exils gegen die *Humanisten* fort. Sie konzentrierten sich in haßerfüllter Weise auf den angesehensten bürgerlichen Repräsentanten der deutschen Literatur im Exil, auf Thomas Mann. So schlug sich Döblin, in diesem Punkt seinen guten Grundsätzen widersprechend, auf die Seite jener «Inneren Emigration», die das Ressentiment der Irrationalen und Völkischen gegen jede gesellschaftskritische Aufklärung, ganz besonders wenn diese von Exilierten aus dem Ausland der westlichen Demokratien einzudringen versuchte, lauthals vertrat. – Ein Ableger von Döblins *Revision literarischer Urteile* war Paul E. H. Lüths «Literatur als Geschich-

DAS GOLDENE TOR

MONATSSCHRIFT FÜR LITERATUR UND KUNST

Herausgeber: Alfred Döblin

Aus dem Inhalt

ARTHUR HUBSCHER: . . . . Die Nachfolge Hegels
HORST KRÜGER: . . Vom Irrationalismus zum Nationalsozialismus
HERMANN KASACK: . . . . Erinnerungen an Oskar Loerke
OSKAR LOERKE: . . . . Gedichte aus dem Nachlaß
PAUL E. LÜTH: . . . . Über das Werk Thomas Manns
EGON VIETTA: . . . . Thomas Mann und Europa
KARL GERHARD: . . . . Bo Djü - J
BO DJÜ - J: . . . . Gedichte
EDWIN M. LANDAU: . . . Huldigung an Stephane Mallarmé
ALFRED DÖBLIN: . . . . November 1918

8/9

Jahrgang 2   1947

VERLAG VON MORITZ SCHAUENBURG in LAHR

te» (1947). Ein Literaturgeschwätz von so gigantischem Ausmaß, daß Hans Mayer es als «frevelhafte Anmaßung» anprangerte und Paul Rilla ihm eine scharfe Analyse widmete, in der er die allgemeinen Voraussetzungen der Leere dieses Geschwätzes darin erkannte, daß es entsteht, wenn es «mit einer geschichtlichen Kategorie zusammenstößt, mit der geschichtlichen Kategorie der Literatur». («Literatur und Lüth. Eine Streitschrift», 1948)

Daß die Widersprüche, in die sich Döblin nach so vielen Seiten verstrickte, für gesellschaftliche Widersprüche seiner Epoche standen und durch seine eigenen widersprüchlichen Vorstellungen nur ihr bizarres Maß erhielten, zeigt sein Briefwechsel als Vizepräsident der 1949 gegründeten Akademie der Wissenschaften und der Literatur in Mainz mit Arnold Zweig, dem Präsidenten, und Johannes R. Becher, dem Vizepräsidenten der 1949 neugegründeten Deutschen Akademie der Künste zu Berlin, DDR. Alle Beteiligten wünschten den von Zweig und Becher vorgeschlagenen Kulturaustausch zu fördern. Aber Döblin wich in den von ihm seit 1930 bekannten Privatismus aus und wünschte, *daß man ein solches Gespräch nicht zwischen Organisationen und den Akademien führen soll. Fruchtbarer wäre der direkte persönliche Kontakt in ruhiger Unterhaltung ...* (an Zweig und Becher, 22. Dezember 1950). Wollte Döblin angesichts der verschärften gesellschaftspolitischen Fronten abermals die letzten Unterhaltungsabende aus dem Berlin-W der Weimarer Republik einführen? Er, der unter den bürgerlichen Autoren einer der ersten gewesen war, die Einsicht *Kunst ist nicht frei, sondern wirksam: ars militans* seit dreißig, vierzig Jahren kämpferisch zu vertreten, fand nun, daß es genüge, *sich als freie Schriftsteller irgendwo nebeneinanderzusetzen, als freie Menschen und Friedensfreunde.* (An Zweig und Becher, 12. Februar 1951) Die Geschichte nach dem deutschen Faschismus hatte sich aber dahin bewegt, daß Döblin sein eigener Privatismus gegenüber Instanzen der DDR von amtswegen vorgeschrieben werden konnte. Die Mainzer Akademie dürfe in diesen Schriftwechsel nicht hineingezogen werden, «weil sie sich sonst auf politisches Gebiet begeben würde, was vermieden werden muß»; Döblin habe an die Herren der Berliner Akademie «auf völlig privater Basis» zu schreiben, teilte der Präsident Kurt Wagner seinem Vizepräsidenten mit.

Schließlich fehlt eine Groteske in diesem traurigen Abgesang nicht. Der Künstler der Montagetechnik bevorzugte es, bei öffentlichen Veranstaltungen militärische Montur anzulegen. So trat der kleine Mann (*160 Zentimeter groß*[162]) bei Vorträgen in Baden-Baden, Mainz, Wiesbaden und auch in Berlin in der Uniform eines französischen Obersten vor seine geschlagenen Landsleute. Wem andere Widersprüche Döblins unverständlich oder auch nur fremd geblieben waren, mußte diese letzte Adaption des Kleinbürgers an eine Macht den tiefsten Argwohn wecken.

Nach dem Eingehen der Zeitschrift «Das Goldene Tor», nach der Auflösung der Kulturbehörde der französischen Militärverwaltung 1951, zögerte Döblin noch zwei Jahre, die BRD zu verlassen. Seine Frau hatte von einer durch André François-Poncet vermittelten Abfindungssumme in diesem Jahr eine Wohnung in Paris, 31 Boulevard de Grenelle, gekauft und sich dorthin zurückgezogen. Döblin indes nutzte den Rahmen der Mainzer Akademie, die Herausgabe einiger Sammel- und Gedenkbände zu betreiben. Sein Einsatz für Arno Holz und dessen naturalistische Kunsttheorie verdient hier Erwähnung. – In diesen jungen Jahren der BRD nahm Döblin die Tendenzen wahr, die noch zu seinen Lebzeiten zur Wiederaufrüstung, zur militärischen Eingliederung in den Nordatlantikpakt und auf dem Gebiet der politischen Theorie zu der irrealen Konzeption der sogenannten Hallstein-

Doktrin führen sollten. *Sie können es mir glauben, es ist seit zwei oder drei Jahren unter der wiedererwachenden nationalistischen Welle mit allen ihren Nebenerscheinungen kein Vergnügen mehr hier.* (An Robert Neumann, 28. Juli 1951) *Als ich zurückkehrte 1945, wollte keiner, mit dem ich sprach und von dem ich las, etwas von dem früheren Zustand wissen . . . jetzt sind sie beinahe ganz offen geworden . . . sie reden und schreiben nur von der Einigung Deutschlands, und man müßte ein Narr sein, um nicht zu wissen, was das bedeutet, nämlich der Keim und Beginn zu dem alten, der erste Takt des früheren Liedes, das früher oder später zum Horst Wessel Lied wird.* (An Arnold Zweig, 6. Oktober 1952) Döblin zog die Konsequenz, die zu einem Abschiedsbrief an den Bundespräsidenten Theodor Heuss führte. Er widerrief den *übereilten Brief,* der vor sieben Jahren seine *Rückkehr* angekündigt hatte. *Es wurde keine Rückkehr, sondern ein etwas verlängerter Besuch . . . ich bin in diesem Lande, in dem ich und meine Eltern geboren sind, überflüssig . . .* (An Theodor Heuss, 28. April 1953) Sein *Abtransport* nach Paris *verlief in der Tat kläglich* (an Hans Henny Jahnn, 4. Juni 1953).

Die fortschreitende Lähmung, die Folgen eines Herzinfarkts, die durch Gelben Star abnehmende Sehkraft machten Döblin in den letzten Jahren zu einem Pflegefall. Als seine Frau dieser Aufgabe allein nicht mehr gewachsen war, begannen die Krankenaufenthalte in Sanatorien und Anstalten des Schwarzwaldes. Aus Deutschland gelangten materielle Entschädigung auf Vermittlung von Heuss, dem Berliner Kultursenator Joachim Tiburtius, Hans Henny Jahnn und auch das Angebot einer Unterstützung von seiten der DDR durch Brecht an ihn. Die Reproduktion der Welt und ihrer Geschichte durch das Exzerpieren der Bibliotheksfolianten entfiel. Letzte Diktate enthalten die Formulierungen vom *Ichgefühl* als dem *Cartesischen Punkt* seines Denken[163] (*Vom Leben und Tod, die es beide nicht gibt*). Keine Vermittlung von Objekt und Subjekt wurde auch nur angestrebt. Die Zerrissenheit des *Ichgefühls* ist eben darin begründet. Döblin gab ihr in zwei verschiedenen Schlußsätzen des *Epilogs*, den er sich zu seinem 70. Geburtstag geschrieben hatte, Ausdruck: *Wohl dem, der mehr hat als seine Augen, mehr als seine Logik und seine Mathematik. Aber auch das Leiden, die Wüstheit, die Wildheit, der Schmerz, und andererseits das Glück, die Schönheit, die Zerknirschung und die Seligkeit des Herzens stammen nicht aus dem Auge und aus der Mathematik.*[164]

Noch im selben Jahr erfolgte die Revision: *Glückselig der, der mühelos reisen konnte. Aber auch wohl uns, die wir Zeit unseres Lebens gefragt, gesucht und geirrt haben, wohl uns, wenn wir auch als Wrack noch in den Hafen einlaufen und am Fuß des Leuchtturms stehen oder liegen, den unser inneres Auge immer erblickt hatte.*[165]

Aus dem Manuskript «Hamlet», 1946

Noch einmal weckte Döblin das Interesse der Öffentlichkeit durch seinen letzten Roman *Hamlet oder Die lange Nacht nimmt ein Ende*, vornehmlich aber durch dessen Druckgeschichte. Döblin hatte das 1946 in Baden-Baden abgeschlossene Manuskript zunächst und auch noch bis 1948 *zurückgehalten* (an Feuchtwanger, 18. Dezember

1946; an den Verlag Karl Alber, 8. September 1947; an Rosins, 30. September 1948). Erst ab 1952, als die Absatzschwierigkeiten seiner Neuerscheinungen zutage lagen und Verlage tatsächlich zögerten, weitere seiner Werke auf den Markt zu bringen, streute er die Version aus, das Manuskript sei ihm *immer wieder* retourniert worden (an Anton Betzner, 11. März 1952). Dies sagte er auch Peter Huchel, Hans Mayer und Eberhard Meckel, die den Vereinsamten im Sep-

Umschlag der Erstausgabe, 1956

Die letzte Aufnahme, 1957

tember 1954 besuchten. «Gleichsam aus Trotz gab uns Döblin das Manuskript seines Hamlet-Romans mit auf den Weg. Das habe bisher kein westdeutscher Verleger nehmen wollen, meinte er, und wir würden es schon gar nicht zu publizieren wagen.» (Hans Mayer, «Die Zeit», 21. Februar 1964) Der Rütten & Loening Verlag, Berlin, DDR, brachte das Werk 1956 heraus. Die westdeutsche Ausgabe bei Albert Langen–Georg Müller, München, folgte ein Jahr danach. Eine Sensation wurde das Buch durch Gerüchte über die Änderung des Schlusses, die Döblin selbst im Februar 1956 in Paris vorgenommen hatte und die den widersprüchlichen Gehalt der beiden Schlußversionen des *Epilog* wiederholte. «Statt *Der Sohn ging in ein Kloster* heißt es jetzt: *Ein neues Leben begann.*»[166] (Robert Minder)

Was ging voraus? Die psychiatrische Heilung eines Schwerkriegsverletzten aus einem Stupor, gekleidet in die Ödipus-Struktur des Shakespeareschen «Hamlet». Döblins dritte Gestaltung dieses berühmten Komplexes. Das Mittel der Heilung ist das Geschichten-Erzählen, wie eine Figur dessen Sinn erläutert: *«Ich wollte den ewigen abstrakten Streit über Schuld und Verantwortlichkeit beenden. Es sollen konkrete Fälle vorgeführt werden.»*[167] Allein, die *konkreten Fälle* sind archetypische Fälle aus Mythologie und Legende. Sie sind als Mittel der Psychotherapie von Minder mit der Jungschen Lehre von den Archetypen in Verbindung gebracht und als ein Ausdruck von Döblins sich herausbildender Gegnerschaft zu Freuds Psychoanalyse erkannt worden. Sie klären im Roman gar nichts, sondern treiben Vater, Mutter, Sohn und Tochter auseinander, in den Tod, in *ein Kloster* oder in *ein neues Leben*.

Die widersprüchlichen Schlüsse des Romans betreffend, habe Döblin zu den Freunden Minder und Hausenstein immer wieder geäußert: *Du mußt doch zugeben, daß es aufs Gleiche hinausläuft.*[168] Dieses hilflose Geltenlassen des Disparaten war Döblin vor allem unvermittelt Erlebten seit den Krisenjahren 1918/19 die letzte Ausflucht geworden. Während seiner *ersten zu kurzen Flucht aus Deutschland* (an Lehmann, 25. Mai 1925) nach Polen hatte die Betrachtung des Kruzifix von Veit Stoß in der Krakauer Marienkirche ihn so tief beeindruckt, daß er sein Erlebnis der christlichen Heilslehre und der modernen Technologie in die Formel zusammenzwängte: *Ich – und wenn der Widerspruch bis zum Unsinn und bis zur Hölle herunterklafft, – ich lobe sie beide.*[169]

Döblin ist am 26. Juni 1957 im Landeskrankenhaus Emmendingen gestorben. Erna Döblin setzte am 14. September 1957 in der Pariser Wohnung ihrem Leben ein Ende.

Anmerkungen

Um die Zahl der Anmerkungen möglichst gering zu halten, sind die Zitate aus kurzen Schriften durch Angabe von deren Titel, bei Zeitungsveröffentlichungen auch durch das Datum des Erscheinens, Briefstellen durch Empfänger und Briefdatum im Text nachgewiesen. Römische Ziffern weisen auf die Bände der Ausgewählten Werke (s. Bibliographie S. 145 f.). Andere Publikationen sind durch Kurztitel bezeichnet.

1 XIV 13 / 2 Vertreibung 27 (das Folgende ff.) / 3 XIV 12 / 4 XIII 384 / 5 Vertreibung 27 / 6 Schicksalsreise 157 f. / 7 Vertreibung 20 ff. / 8 ebda 20, 26 / 9 ebda 13 / 10 ebda 69 / 11 ebda 21 / 12 ebda 19 / 13 Schicksalsreise 156 f. / 14 Briefe 140 / 15 Vertreibung 39 / 16 ebda 12 / 17 ebda 11 f. / 18 Zeitlupe 238 / 19 Vertreibung 28 / 20 Doktor Döblin 9 / 21 VI 19 f. / 22 Vertreibung 12 / 23 XIII 384 / 24 Vertreibung 47 / 25 Zeitlupe 59 / 26 Vertreibung 9 / 27 XIV 12 (das Folgende ff.) / 28 XIV 13 / 29 Vertreibung 50 f. / 30 Schicksalsreise 156 / 31 ebda 158 / 32 Vertreibung 57 f. / 33 ebda 71 / 34 ebda 41 / 35 Schicksalsreise 161 / 36 Schwarzer Vorhang 24 / 37 ebda 121 / 38 ebda 49 / 39 ebda 152 / 40 Sinn und Form 1957, S. 918 / 41 Sinn und Form 1957, S. 918 / 42 Reclam Nr 8562–64, S. 22–46 (das Folgende ebda) / 43 II 471 / 44 II 80 / 45 II 60 / 46 II 84 / 47 II 216 / 48 II 470 / 49 II 471 f. / 50 II 8 / 51 II 279 / 52 Briefe 50 / 53 II 7 u. f. / 54 Wadzek 215 / 55 ebda 9 / 56 ebda 91 / 57 ebda 122 / 58 ebda 290 / 59 ebda 347 / 60 ebda 369 f. / 61 ebda 376 f. / 62 ebda 413 / 63 Wallenstein (Beyer) 848 / 64 ebda 434 / 65 ebda 438 / 66 ebda 439 / 67 ebda 439 / 68 ebda 402 / 69 ebda 403 / 70 ebda 105 / 71 ebda 572 / 72 ebda 395 / 73 XIV 26 / 74 X 98 / 75 XII 5 / 76 XIV 84 / 77 Berge Meere 19 / 78 ebda 26 / 79 ebda 70 / 80 ebda 70 / 81 ebda 71 / 82 ebda 212 / 83 ebda 479 / 84 ebda 579 / 85 ebda 525 / 86 ebda 588 / 87 ebda 455 / 88 Giganten 376 / 89 XIV 431 f. / 90 Das Ich über der Natur 78 / 91 ebda 244 / 92 ebda 242 / 93 XIII 62 / 94 IV 104 / 95 IV 488 / 96 Alexanderplatz-Materialien 41 / 97 ebda 43 / 98 Das Ich über der Natur 244 / 99 II 48 / 100 Alexanderplatz-Materialien 54 / 101 IV 9 / 102 Alexanderplatz-Materialien 25 / 103 ebda 26 / 104 IV 67 / 105 IV 264 / 106 IV 60 / 107 Alexanderplatz-Materialien 40 / 108 IV 499 / 109 IV 21 / 110 IV 45 / 111 IV 57 / 112 IV 103 / 113 IV 105 / 114 IV 214 / 115 IV 213 f. / 116 IV 215 / 117 IV 72 / 118 IV 85 / 119 IV 88 / 120 IV 99 / 121 IV 186 / 122 IV 289 / 123 IV 292 ff. / 124 IV 294 / 125 IV 297 / 126 IV 298 f. / 127 IV 314 / 128 IV 393 / 129 IV 401 / 130 IV 456 / 131 IV 482 f. / 132 IV 483 / 133 IV 484 / 134 IV 487 / 135 IV 145 / 136 IV 434 / 137 IV 435 / 138 IV 487 f. / 139 IV 490 / 140 X 142 f. / 141 Alexanderplatz-Materialien 40 / 142 IV 501 / 143 Briefe 555 / 144 X 151 / 145 Giganten 372 f. / 146 K. Schröter, Th. Mann im Urteil seiner Zeit 208 / 147 V 12 / 148 V 589 / 149 V 600 / 150 V 587 / 151 V 666 / 152 VI 121 / 153 VI 303 / 154 VI 321 / 155 VI 369 / 156 Das Land ohne Tod 113 / 157 ebda 174 / 158 ebda 218 / 159 Der neue Urwald 147 / 160 Karl und Rosa 669 / 161 XIII 207 / 162 Vertreibung 35 / 163 Sinn und Form 1957, S. 932 / 164 Auswahl (Lüth) 404 / 165 XIII 399 / 166 Text + Kritik 64 / 167 VIII 38 / 168 Text + Kritik 64 / 169 XI 348

Zeittafel

1878	Bruno Alfred Döblin am 10. August als viertes Kind Max Döblins und dessen Frau Sophie, geb. Freudenheim, in Stettin geboren
1888	Der Vater verläßt die Familie mit Henriette Zander (1866–1924). Übersiedlung der Mutter und Kinder nach Berlin
1900	Abitur. Studium der Medizin und Philosophie in Berlin und Freiburg i. B.
1902–1903	Niederschrift von *Der schwarze Vorhang. Roman* (Buchausgabe 1919)
1905	Promotion zum Dr. med. auf Grund der Freiburger Dissertation *Gedächtnisstörungen bei der Korsakoffschen Psychose*
1910	Mit Herwarth Walden Gründung der Zeitschrift «Der Sturm»
1911	Niederlassung als Psychiater mit Kassenpraxis, Berlin-O
1912	Ehe mit Erna (nach 1933: Erne) Reiss (geb. 1888). Nach zwei unehelichen Söhnen (1905, 1911) Sohn Peter geboren
1913	*Die Ermordung einer Butterblume und andere Erzählungen*
1914–1918	Militärarzt im Elsaß
1915	*Die drei Sprünge des Wang-lun. Chinesischer Roman.* Fontane-Preis. Sohn Wolfgang (nach 1933: Vincent) geboren
1917	Sohn Klaus (nach 1933: Claude) geboren
1918	*Wadzeks Kampf mit der Dampfturbine. Roman.* Tod der Schwester Meta, verh. Abramson-Goldenberg (geb. 1874). Beitritt zur USPD
1920	*Wallenstein. Roman.* Tod der Mutter (geb. 1844)
1921	Unter dem Pseudonym Linke Poot zeitgeschichtliche Glossen *Der deutsche Maskenball.* Beitritt zur SPD. Tod des Vaters (geb. 1846). Lebenslange Freundschaft mit Charlotte (Yolla) Niclas
1924	*Berge Meere und Giganten. Roman* (1932 veränderte Fassung *Giganten*). Erster Präsident des Schutzverbandes Deutscher Schriftsteller
1926	*Reise in Polen.* Sohn Stephan (nach 1933: Etienne) geboren
1929	*Berlin Alexanderplatz. Die Geschichte vom Franz Biberkopf.* Freitod des ältesten Bruders Ludwig (geb. 1873)
1931	*Wissen und Verändern! Offene Briefe an einen jungen Menschen*
1933	Emigration, zuerst Zürich, dann Paris. Aberkennung der deutschen Staatsbürgerschaft
1934	*Babylonische Wandrung. Roman*
1935	*Pardon wird nicht gegeben. Roman*
1936	Französische Staatsbürgerschaft
1937–1938	*Amazonas*-Trilogie, zwei Bände (1947–1948 *Das Land ohne Tod, Der blaue Tiger, Der neue Urwald*)
1938	*Die deutsche Literatur (im Ausland seit 1933)* (1947 überarbeitete Fassung *Die literarische Situation*)

Zeugnisse

Albert Ehrenstein

Döblin durchbricht nur ungern die Dämmerung gefühlsumwebter Tatsachen, er . . . zieht sich in einen hellen, aber doch undurchdringlichen Mystikschleier zurück.

«Berliner Tageblatt», 11. August 1913

Ludwig Rubiner

Das Buch [*Wang-lun*] ist . . . das bedeutendste religiöse Werk, das seit Jahren in Europa veröffentlicht wurde. Das Buch ist zuletzt das einzige revolutionäre Werk der europäischen Literatur.

«Zeit-Echo», 1917

Franz Kafka

Döblin kommt mir so vor, als würde er die sichtbare Welt als etwas ganz Unvollkommenes auffassen, das er erst mit seinem Wort schöpferisch ergänzen muß.

Zu Gustav Janouch um 1920

Fritz Sternberg

Brecht liebte ihn sehr. Er sagte mir einmal [um 1927], er habe zwei uneheliche Väter: der eine sei Georg Kaiser, der andere Alfred Döblin.

«Der Dichter und die Ratio». 1963

Heinrich Mann

Döblin . . . ist gewiß keiner der Schlechtesten. Aber wozu soll ich von *Giganten* lesen, da ich meiner Lebtage nur menschlichen Durchschnitt gesehen habe.

An Félix Bertaux, 24. November 1924

141

Klaus Neukrantz

Döblin hat in diesem Buch [*Berlin Alexanderplatz*] seiner offen erklärten Feindschaft gegen den organisierten Klassenkampf des Proletariats unverhüllten Ausdruck gegeben. Soweit überhaupt bei ihm
von politisierenden Arbeitern die Rede ist, sprechen sie nicht die
Sprache des klassenbewußten Arbeiters, sondern einen Kaschem-
menjargon.

«Die Linkskurve», 1929

Friedrich Wolf

Die Wirkung dieses Romans [*Berlin Alexanderplatz*] trotz tausender
Abzweigungen und Dialysen ist zuletzt die einer zwingenden Synthe-
se . . . Dieser Roman ist ein großer Beginn.

«Die Literatur». 1930

Alfred Kerr

An Alle: das Zeitalter des schlechten Zeitstücks wird hiermit [*Die
Ehe*] geschlossen. Döblin der Letzte. Er ist im Roman schwerer zu
kontrollieren; doch wohl beachtlich. In der dramatischen Lagunen-
welt war er der banale grande.

Berliner Tageblatt, 18. April 1931

Max Rychner

Auf die Flachheiten und Willkürlichkeiten, die Herr Döblin über
deutsche Geschichte seit Luther [*in Wissen und Verändern!*] auftischt,
kann hier nicht eingegangen werden; seine historischen Konstruktio-
nen sind mit Tatsachenquadern untermauert, die einzig aus dem
Steinbruch des kleinen Ploetz zu stammen scheinen, aber von Döblin
eigenwillig behauen wurden.

«Neue Schweizer Rundschau», 1931

Robert Musil

. . . daß Döblin in *Berge Meere und Giganten* und in *Wallenstein*
eigentlich nach dem Prinzip des Interessanten verfahren ist: eine
interessante Grundidee, Versenken in sie, Abriegelung, tempera-
mentvolle Ausführung. Geistig genügt das nicht, aber dem gehobenen
Leser genügt es.

Tagebuch zwischen 1937 und 1941

Bertolt Brecht

Ich möchte die Aufmerksamkeit möglichst vieler also auf meinen außerordentlichen Fleiß lenken, mit dem ich Ihre literarischen Werke studiert und die vielfachen Neuerungen, die Sie in die Betrachtungs- und Beschreibungsweise unserer Umwelt und des Zusammenlebens der Menschen eingebracht haben, mir zu eigen gemacht habe.

An Döblin zum 60. Geburtstag, 1938

Heinrich Mann

Doktor Döblin hat während langer Jahrzehnte in Berlin praktiziert – keineswegs als Modearzt im Westen. Am Wedding, einer Zentrale der Existenzsorgen, da war er der Doktor, zu dem sie kamen, Arbeiter, Arbeitslose, Weiber mit ihrer Brut.

«Der Dichter Alfred Döblin». 1943

Johannes R. Becher

Sie wissen das ja wohl selbst, daß Sie immer ein großartiger Anreger sind, auch dann, wenn Sie Schiefes und Übertriebenes äußern . . . Bleiben wir also Freunde und bleiben wir Gegner.

An Döblin zum 70. Geburtstag, 1948

Paul Rilla

Döblin ist ein bedeutender Schriftsteller, aber er hat niemals die Größe besessen, ein anderes Maß als das eigene anzuerkennen oder auch nur für möglich zu halten.

«Literatur und Lüth». 1948

Hanns Eisler

Allerdings gibt es viele Freunde, die Brecht . . . enttäuscht haben. Dazu gehört vor allem dieser unglückliche Döblin, der ja auch kummervoll gestorben ist. Und ich weiß auch gar nicht, wie man seine Werke retten kann, wenn sie so voll Unsinn sind.

Zu Hans Bunge, 1961

Günter Grass

Der progressiven Linken war er zu katholisch, den Katholiken zu anarchistisch, den Moralisten versagte er handfeste Thesen, fürs Nachtprogramm zu unelegant, war er dem Schulfunk zu vulgär . . . der Wert Döblin wurde und wird nicht notiert.

«*Über meinen Lehrer Döblin*». *1967*

Hans Wolffheim

Der lange den Anspruch erhob, jenseits von allem dogmatischen Zwang zu stehen, hat sich aus eigenem Antrieb dem Dogma einer Kirche unterworfen. Das nenne ich die intellektuelle Bankrotterklärung eines von Haus aus zwar gescheiten, aber ungemein labilen Schriftstellers, der zu keiner Zeit seine Emotionen und Affekte rational zu disziplinieren vermochte.

«*Frankfurter Rundschau*», *17. März 1973*

Marcel Reich-Ranicki

Eigensinnig und selbstvergessen suchte er seinen Weg – ein wahrer Amokläufer unter den Schriftstellern unseres Jahrhunderts.

«*Frankfurter Allgemeine Zeitung*», *20. August 1977*

Bibliographie

Aus der Forschungsliteratur (5.) sind nur im Druck veröffentlichte umfangreichere neuere Arbeiten verzeichnet.* Sammelbände (3., 5.) wurden nicht inhaltlich aufgeschlüsselt.

1. Bibliographien, Hilfsmittel

HUGUET, LOUIS: Bibliographie Alfred Döblin. Berlin 1972. 376 S.
  Vgl. ergänzend HARTMUT HITZER in: Euphorion 69 (1975), S. 86–99
MÜLLER-SALGET, KLAUS: Döblin-Bibliographie. In: MÜLLER-SALGET, Alfred Döblin. Werk und Entwicklung. Bonn 1972. (Bonner Arbeiten zur deutschen Literatur. 22) S. 405–515
PRANGEL, MATTHIAS: Alfred Döblin. Stuttgart 1973. VI, 126 S. (Sammlung Metzler. 105)
Handschriften des Deutschen Literaturarchivs. II. Nachlaß Alfred Döblin. Auf Grund der Vorarbeiten von ROSEMARIE LORENZ zusammengestellt von HILDE VATER. In: Jahrbuch der Deutschen Schillergesellschaft 14 (1970), S. 646–657

2. Werke

I. Werksammlungen

Ausgewählte Werke in Einzelbänden. In Verbindung mit den Söhnen des Dichters hg. von WALTER MUSCHG. [Seit 1968:] Weitergeführt von HEINZ GRABER. Olten–Freiburg i. B. (Walter-Verlag) 1960ff
  Die Ermordung einer Butterblume. Ausgewählte Erzählungen 1910–1950 (1962)   [I]
  Die drei Sprünge des Wang-lun. Chinesischer Roman (1960)   [II]
  Wallenstein. Roman (1965)   [III]

---

* Ausnahmsweise – wegen detaillierter bio-bibliographischer Daten, die sich auf Robert Minders Archivmaterialien und seine Kenntnis von Döblins Leben und Werk stützen – ist anzuführen:

HUGUET, LOUIS: Alfred Döblin. Elements de biographie suivis d'annexes documentaires inédites et d'une bibliographie systematique. 3 Tle. Diss. Paris 1968. XII, 304; 374; 197 Bll. [Masch.]
HUGUET, LOUIS: L'Œuvre d'Alfred Döblin ou la Dialectique de l'Exode 1878–1918. 2 Tle. Thèse. Paris 1970. VI, VII, 1057 Bll. [Masch.]

Berlin Alexanderplatz. Die Geschichte vom Franz Biberkopf (1961)   [IV]
   [Vgl. auch die von BEYER (Kleines Berlin-Dossier; 2. I), PRANGEL (Materia-
   lien; 5.b), SCHWITZKE (Hörspiel; 2. I) herausgegebenen thematischen Vorstu-
   fen, verschiedenen Teilfassungen, Funk- und Filmbearbeitungen von Döblins
   Hauptwerk «Berlin Alexanderplatz».
Babylonische Wandrung oder Hochmut kommt vor dem Fall. Roman (1962)   [V]
Pardon wird nicht gegeben. Roman (1960)   [VI]
Amazonas. Roman (1963)   [VII]
   1. Das Land ohne Tod – 2. Der blaue Tiger
   [Enthält nicht das ursprüngliche sechste und siebente Buch von «Der blaue
   Tiger» (1938), die in einer Neuausgabe u. d. T. «Der neue Urwald» (1948)
   erschienen waren.]
Hamlet oder Die lange Nacht nimmt ein Ende. Roman (1966)   [VIII]
Manas. Epische Dichtung (1961)   [IX]
Der deutsche Maskenball, von Linke Poot. Wissen und Verändern! (1972)   [X]
Reise in Polen (1968)   [XI]
Unser Dasein (1964)   [XII]
Aufsätze zur Literatur (1963)   [XIII]
Schriften zur Politik und Gesellschaft (1972)   [XIV]
Briefe (1970)
Jubiläums-Sonderausgabe zum hundertsten Geburtstag des Dichters. Hg. von
   WALTER MUSCHG und EDGAR PÄSSLER. 7 Bde. Olten–Freiburg i. B. (Walter-Ver-
   lag) 1977
   Die drei Sprünge des Wang-lun. Chinesischer Roman
   Wallenstein. Roman
   Berge, Meere und Giganten. Roman
   Berlin Alexanderplatz. Die Geschichte vom Franz Biberkopf
   Hamlet oder Die lange Nacht nimmt ein Ende. Roman
   Erzählungen aus fünf Jahrzehnten
   Autobiographische Schriften und letzte Aufzeichnungen
Auswahl aus dem erzählenden Werk. Einl. von E. H. PAUL LÜTH. Wiesbaden
   (Limes Verlag) 1948
Die Zeitlupe. Kleine Prosa. Aus dem Nachlaß zusammengestellt von WALTER
   MUSCHG. Olten–Freiburg i. B. (Walter-Verlag) 1962 (Walter Paperbacks. Die
   Diskussion)
Ein Kerl muß eine Meinung haben: Berichte und Kritiken 1921–1924. Olten–
   Freiburg i. B. (Walter-Verlag) 1976
   [Westdeutsche Ausgabe der von Manfred Beyer u. d. T. «Griffe ins Leben»
   herausgegebenen Sammlung (2. I).]
Die Geschichte vom Franz Biberkopf. Hörspiel nach dem Roman «Berlin Alexan-
   derplatz». Mit einem Nachwort hg. von HEINZ SCHWITZKE (Reclams UB. 9810)

Wallenstein. Mit einem Nachwort von MANFRED BEYER. Berlin (Rütten & Loe-
   ning) 1970
Berlin Alexanderplatz. Die Geschichte vom Franz Biberkopf. Mit einem Nachwort
   von KLAUS HERMSDORF. Berlin (Rütten & Loening) 1963
Pardon wird nicht gegeben. Mit einem Nachwort von KLAUS HERMSDORF. Berlin
   (Rütten & Loening) 1961
Amazonas. Romantrilogie. Mit einem Nachwort von MANFRED BEYER. Berlin
   (Rütten & Loening) 1973
   1. Das Land ohne Tod – 2. Der blaue Tiger – 3. Der neue Urwald

Hamlet oder Die lange Nacht nimmt ein Ende. Berlin (Rütten & Loening) 1960

Die Vertreibung der Gespenster. Autobiographische Schriften. Betrachtungen zur Zeit. Aufsätze zu Kunst und Literatur. Hg. und mit einem Nachwort von MANFRED BEYER. Berlin (Rütten & Loening) 1968

Griffe ins Leben. Berliner Theaterberichte 1921–1924. Hg. und eingel. von MANFRED BEYER. Textrevision: MANFRED NÖBEL. Berlin (Henschelverlag Kunst und Gesellschaft) 1974 (dialog)

Kleines Berlin-Dossier. Zusammengestellt von MANFRED BEYER. In: Neue Texte, Almanach für deutschsprachige Literatur 7 (1968), S. 283–307, 389–390

II. Buch-Erstausgaben

a) Erzählungen

Die Ermordung einer Butterblume und andere Erzählungen. München–Leipzig (G. Müller) 1913
Enthält: Die Segelfahrt. Die Tänzerin und der Leib. Astralia. Mariä Empfängnis. Die Verwandlung. Die Helferin. Die falsche Tür. Die Ermordung einer Butterblume. Der Ritter Blaubart. Der Dritte. Die Memoiren des Blasierten. Das Stiftsfräulein und der Tod

Die Lobensteiner reisen nach Böhmen. Zwölf Novellen und Geschichten. München (G. Müller) 1917
Enthält: Linie Dresden–Bukarest. Das Femgericht. Die Schlacht! Die Schlacht! Der Kaplan. Die Nachtwandlerin. Von der himmlischen Gnade. Vom Hinzel und dem wilden Lenchen. Der Riese Wenzel. Das Krokodil. Das Gespenst vom Ritthof. Der vertauschte Knecht. Die Lobensteiner reisen nach Böhmen

Das verwerfliche Schwein. Novelle. – Lydia und Mäxchen. Tiefe Verbeugung in einem Akt. – Lusitania. Drei Szenen. Wien–Leipzig (Genossenschaftsverlag) 1920 (Die Gefährten. Jg. 3, H. 4)

Feldzeugmeister Cratz. Der Kaplan. Zwei Erzählungen. Berlin (Weltgeist-Bücher Verlags-Gesellschaft) [1926] (Weltgeist-Bücher. 141)

Flucht und Sammlung des Judenvolks. Aufsätze und Erzählungen (1935) [Siehe unter 2. II. e)]
Enthält zwei Erzählungen: Märchen von der Technik. Der verlorene Sohn

Der Oberst und der Dichter oder Das menschliche Herz. Freiburg i. B. bzw. München (K. Alber) 1946

Heitere Magie. Zwei Erzählungen. Baden-Baden (P. Keppler) 1948
Enthält: Reiseverkehr mit dem Jenseits. Märchen vom Materialismus

b) Romane

Die drei Sprünge des Wang-lun. Chinesischer Roman. Berlin (S. Fischer) 1915
Ursprüngliches Einleitungskapitel zu diesem Roman: Der Überfall. Berlin 1929 [Bibliophiler Sonderdruck]

Wadzeks Kampf mit der Dampfturbine. Roman. Berlin (S. Fischer) 1918

Der schwarze Vorhang. Roman von den Worten und Zufällen. Berlin (S. Fischer) 1919

Wallenstein. Roman. 2 Bde. Berlin (S. Fischer) 1920

Berge Meere und Giganten. Roman. Berlin (S. Fischer) 1924

Berlin Alexanderplatz. Die Geschichte vom Franz Biberkopf. Berlin (S. Fischer) 1929

Giganten. Ein Abenteuerbuch. Berlin (S. Fischer) 1932
  [Neufassung von «Berge Meere und Giganten» (1924)]
Babylonische Wandrung oder Hochmut kommt vor dem Fall. Roman. Amsterdam
  (Querido Verlag) 1934
Pardon wird nicht gegeben. Roman. Amsterdam (Querido Verlag) 1935
Die Fahrt ins Land ohne Tod. Roman. Amsterdam (Querido Verlag) 1937
  Neuausg. u. d. T.: Das Land ohne Tod. (Südamerika-Trilogie. Bd. 1.) Baden-
  Baden (P. Keppler) 1947
Der blaue Tiger. Roman. Amsterdam (Querido Verlag) 1938
  Neuausg. in zwei Teilen u. d. T.: Der blaue Tiger. [Südamerika-Trilogie. Bd. 2.]
  Baden-Baden (P. Keppler) 1947 – Der neue Urwald. [Südamerika-Trilogie. Bd.
  3.] Baden-Baden (P. Keppler) 1948
Bürger und Soldaten 1918. Roman. (Eine deutsche Revolution. Erzählwerk in drei
  Bänden. Bd. 1.) Stockholm (Bermann-Fischer-Verlag) – Amsterdam (Querido-
  Verlag) 1939
  [Fortgeführt u. d. T. «November 1918» (1948–1950). Einzelne Passagen aus
  dem ursprünglichen ersten Band wurden in das «Vorspiel» zum ersten Band von
  «November 1918» (1948) eingearbeitet.]
Sieger und Besiegte. Eine wahre Geschichte. New York (Aurora Verlag) 1946
  [Vorabdruck aus «November 1918», Bd. 1–2 (1948–1949)]
November 1918. Eine deutsche Revolution. Erzählwerk. Vorspiel und Bd. 1.
  Verratenes Volk. München (K. Alber) 1948
November 1918. Eine deutsche Revolution. Erzählwerk. Bd. 2. Heimkehr der
  Fronttruppen. München (K. Alber) 1949
[November 1918. Eine deutsche Revolution. Erzählwerk.] (Bd. 3.) Karl und
  Rosa. Freiburg i. B.–München (K. Alber) 1950
Hamlet oder Die lange Nacht nimmt ein Ende. Berlin (Rütten & Loening) 1956

c) Epos

Manas. Epische Dichtung. Berlin (S. Fischer) 1927

d) Schauspiele

Lydia und Mäxchen. Tiefe Verbeugung in einem Akt. Straßburg–Leipzig (Singer)
  1906
Lusitania. Drei Szenen (1920) [Siehe unter 2. II. a) Das verwerfliche Schwein]
Die Nonnen von Kemnade. Schauspiel in vier Akten. Berlin (S. Fischer) 1923
Die Ehe. Drei Szenen und ein Vorspiel. Berlin (S. Fischer) 1931

e) Kritische Schriften

Staat und Schriftsteller. Rede auf der Tagung des «Schutzverbandes Deutscher
  Schriftsteller». Berlin (Verlag für Sozialwissenschaft) 1921
Der deutsche Maskenball. Berlin (S. Fischer) 1921 [Unter dem Pseudonym: Linke
  Poot]
  Enthält: Kannibalisches. Dionysos. Die Drahtzieher. An die Geistlichkeit.
  Himmlisches und irdisches Theater. Aphrodite. Revue. Der rechte Weg. Der
  deutsche Maskenball. Überfließend von Ekel. Hei lewet noch
Reise in Polen. Berlin (S. Fischer) 1926
Das Ich über der Natur. Berlin (S. Fischer) 1928
Wissen und Verändern! Offene Briefe an einen jungen Menschen. Berlin (S.
  Fischer) 1931

Unser Dasein. Berlin (S. Fischer) 1933

Jüdische Erneuerung. Amsterdam (Querido Verlag) 1933
[Um einen Aufsatz erw. Fassung des siebenten Buches von «Unser Dasein» (1933).]

Flucht und Sammlung des Judenvolks. Aufsätze und Erzählungen. Amsterdam (Querido Verlag) 1935

Die deutsche Literatur (im Ausland seit 1933). Ein Dialog zwischen Politik und Kunst. Paris (Verlag Science et Littérature) 1938 (Schriften zu dieser Zeit. 1)
Überarb. Fassung u. d. T.: Die literarische Situation. Baden-Baden (P. Keppler) 1947

Der Nürnberger Lehrprozeß. Baden-Baden (Neuer Bücherdienst) 1946
[Unter dem Pseudonym: Hans Fiedeler]

Der unsterbliche Mensch. Ein Religionsgespräch. Freiburg i. B. bzw. München (K. Alber) 1946

Unsere Sorge der Mensch. München (K. Alber) 1948

Schicksalsreise. Bericht und Bekenntnis. Frankfurt a. M. (J. Knecht–Carolusdruk-kerei) 1949

Die Dichtung, ihre Natur und ihre Rolle. Mainz (Verlag der Akademie der Wissen-schaften und der Literatur) – Wiesbaden (F. Steiner) 1950 (Akademie der Wissenschaften und der Literatur. Abhandlungen der Klasse der Literatur. 1950, 1)

Doktor Döblin. Selbstbiographie. Hg.: Heinz Graber. Berlin (Friedenauer Presse im Verlag der Wolff's Bücherei) 1970

f) Wissenschaftliche Arbeiten

Gedächtnisstörungen bei der Korsakoffschen Psychose. Diss. Freiburg i. B. 1905

Die beiden Freundinnen und ihr Giftmord. Berlin (Verlag Die Schmiede) 1924 (Außenseiter der Gesellschaft. 1)

g) Herausgebertätigkeit

Fliegende Blätter. [Hg. von Alfred Döblin und Robert Minder.] Nr. 1–4. Paris 1939
[Erschienen im Oktober/November 1939]

The living thoughts of Confucius. Presented by Alfred Doeblin. New York–Toron-to (Longmans, Green and Co.) 1940 (The Living Thoughts Library. 17)

Das Goldene Tor. Monatsschrift [ab Jg. 5: Zweimonatsschrift] für Literatur und Kunst. Hg. von Alfred Döblin. Jg. 1–6. Lahr (M. Schauenburg), [ab Jg. 5:] Baden-Baden (Verlag für Kunst und Wissenschaft) 1946–1951
Jg. 1: H. 1–3; Jg. 2: H. 1–12; Jg. 3: H. 1–8; Jg. 4: H. 1–6; Jg. 5: H. 1–6; Jg. 6: H. 1–2

Holz, Arno: Die Revolution der Lyrik. Eine Einführung in sein Werk und eine Auswahl von Alfred Döblin. Wiesbaden (F. Steiner) 1951 (Akademie der Wissenschaften und der Literatur. Schriftenreihe der Klasse der Literatur. Ver-schollene und Vergessene)

Minotaurus. Dichtung unter den Hufen von Staat und Industrie. Hg. von Alfred Döblin. Wiesbaden (F. Steiner) 1953

3. Zeugnisse der Zeitgenossen

Alfred Döblin. Im Buch – Zu Haus – Auf der Straße. Vorgestellt von ALFRED DÖBLIN und OSKAR LOERKE. Berlin 1928. 179 S., 7 Taf.

Alfred Döblin zum 70. Geburtstag. Hg. von PAUL E. H. LÜTH. Wiesbaden 1948. 175 S.

Alfred Döblin im Spiegel der zeitgenössischen Kritik. Hg. von INGRID SCHUSTER und INGRID BODE in Zusammenarbeit mit dem Deutschen Literaturarchiv Marbach/N. Bern 1973. 485 S.

Siehe auch die von PRANGEL herausgegebenen Materialien zu «Berlin Alexanderplatz» unter 5. b)

4. Gesamtdarstellungen, Einführungen

MINDER, ROBERT: Alfred Döblin zwischen Osten und Westen. (1954) In: MINDER, Dichter in der Gesellschaft. Frankfurt a. M. 1966. S. 155–190 – Lizenzausg. Frankfurt a. M. 1972. (suhrkamp-taschenbücher. 33) S. 175–233

SCHRÖTER, KLAUS: «Lob des Widerspruchs.» Über Alfred Döblin. (1962) In: SCHRÖTER, Literatur und Zeitgeschichte. Mainz 1970. (Die Mainzer Reihe. 26) S. 67–109

LINKS, ROLAND: Alfred Döblin. Leben und Werk. Berlin 1965. 200 S. (Schriftsteller der Gegenwart. 16) – 2. bearb. Aufl. 1976. 228 S.

KREUTZER, LEO: Alfred Döblin. Sein Werk bis 1933. Stuttgart 1970. 194 S. (Sprache und Literatur. 66)

WEYEMBERGH-BOUSSART, MONIQUE: Alfred Döblin. Seine Religiosität in Persönlichkeit und Werk. Bonn 1970. XIII, 426 S. (Abhandlungen zur Kunst-, Musik- und Literaturwissenschaft. 76)

MÜLLER-SALGET, KLAUS: Alfred Döblin. Werk und Entwicklung. Bonn 1972. XVI, 515 S. (Bonner Arbeiten zur deutschen Literatur. 22)

PRANGEL, MATTHIAS: Alfred Döblin. Stuttgart 1973. VI, 126 S. (Sammlung Metzler. 105)

5. Untersuchungen

a) Zu einzelnen Problemen

Text + Kritik. Zeitschrift für Literatur. Hg.: HEINZ LUDWIG ARNOLD. Nr. 13/14. Alfred Döblin. Aachen 1966. 78 S. – 2. Aufl. München 1972

ELSHORST, HANSJÖRG: Mensch und Umwelt im Werk Alfred Döblins. Diss. München 1964. 163, XXXIX S.

KORT, WOLFGANG: Alfred Döblin. Das Bild des Menschen in seinen Romanen. Bonn 1970. VIII, 149 S. (Studien zur Germanistik, Anglistik und Komparatistik. 8)

VRIES, KARL-LUDWIG DE: Moderne Gestaltelemente im Romanwerk Alfred Döblins und ihre Grundlagen. Ein Beitrag zur Morphologie des modernen Romans. Diss. Hamburg 1966. VIII, 400 S.

KREUTZER, LEO: Abläufe oder Geschichten. Über das Romanwerk Alfred Döblins. In: Akzente 14 (1967), S. 310–325

ŽMEGAČ, VIKTOR: Alfred Döblins Poetik des Romans. In: Deutsche Romantheorien. Hg. und eingel. von REINHOLD GRIMM. Frankfurt a. M. 1968. S. 297–320 – Neuaufl. Bd. 2. Frankfurt a. M. 1974. (Fischer Athenäum Taschenbücher. 2067) S. 341–364

Veit, Wolfgang: Erzählende und erzählte Welt im Werk Alfred Döblins. Schichtung und Ausrichtung der epischen Konzeption in Theorie und Praxis. Diss. Tübingen 1969. IV, 422 S.

Arnold, Armin: Der neue Mensch als Gigant: Döblins frühe Romane. In: Arnold, Die Literatur des Expressionismus. Stuttgart 1966. (Sprache und Literatur. 35) S. 80–107 – 2. Aufl. 1971

Ribbat, Ernst: Die Wahrheit des Lebens im frühen Werk Alfred Döblins. Münster 1970. VIII, 237 S. (Münstersche Beiträge zur deutschen Literaturwissenschaft. 4)

Best, Otto F.: «Epischer Roman» und «Dramatischer Roman». Einige Überlegungen zum Frühwerk von Alfred Döblin und Bert Brecht. In: Germanisch-romanische Monatsschrift 53 (1972), S. 281–309

Blessing, Karl Herbert: Die Problematik des «modernen Epos» im Frühwerk Alfred Döblins. Meisenheim am Glan 1972. 252 S. (Deutsche Studien. 19)

Graber, Heinz: Politisches Postulat und autobiographischer Bericht. Zu einigen im Exil entstandenen Werken Alfred Döblins. In: Die deutsche Exilliteratur 1933–1945. Hg. von Manfred Durzak. Stuttgart 1973. S. 418–429

Weissenberger, Klaus: Alfred Döblin im Exil. Eine Entwicklung vom historischen Relativismus zum religiösen Bekenntnis. In: Colloquia Germanica 1974, S. 37–51

Sölle, Dorothee: Einübung ins Christentum bei Alfred Döblin. In: Sölle, Realisation. Studien zum Verhältnis von Theologie und Dichtung nach der Aufklärung. Darmstadt 1973. (Theologie und Politik. 6 – Sammlung Luchterhand. 124) S. 281–367

Prangel, Matthias: Die rundfunktheoretischen Ansichten Alfred Döblins. In: Literatur und Rundfunk 1923–1933. Hg. von Gerhard Hay. Hildesheim 1975. S. 221–229

b) Zu einzelnen Werken

Duytschaever, Joris: Eine Pionierleistung des Expressionismus: Alfred Döblins Erzählung «Die Ermordung einer Butterblume». In: Amsterdamer Beiträge zur neueren Germanistik 2 (1973), S. 27–43

Minder, Robert: Alfred Döblin: «Die Segelfahrt» oder Struktur und Erlebnis. In: Minder, Wozu Literatur? Reden und Essays. Frankfurt a. M. 1971. (Bibliothek Suhrkamp. 275) S. 77–118

Kanzog, Klaus: Alfred Döblin und die Anfänge des expressionistischen Prosastils. Zur Textkritik des «Ritter Blaubart». In: Jahrbuch der Deutschen Schillergesellschaft 17 (1973), S. 63–83

Falk, Walter: Der erste moderne deutsche Roman: «Die drei Sprünge des Wang-lun» von Alfred Döblin. In: Zeitschrift für deutsche Philologie 89 (1970), S. 510–531

Hachmöller, Johannes: Ekstatisches Dasein und Tao-Sprung. Alfred Döblins Romane «Die drei Sprünge des Wang-lun» und «Berlin Alexanderplatz» vor dem Hintergrund seiner Naturphilosophie. Diss. Würzburg 1971. IV, 267, V S.

Grass, Günter: Über meinen Lehrer Döblin. [Zu «Wallenstein».] In: Grass, Über meinen Lehrer Döblin und andere Vorträge. Berlin 1968. (LCB-Editionen. 1) S. 7–26

Harnisch, Ulrike: Sozialpsychologische Studien zu Alfred Döblins Roman «Wallenstein». Diss. Berlin (Freie Universität) 1971. V, 194 S.

Mayer, Dieter: Alfred Döblins Wallenstein. Zur Geschichtsauffassung und zur Struktur. München 1972. 274 S.

Martini, Fritz: Alfred Döblin. Berlin Alexanderplatz. Sieg auf der ganzen Linie!

Franz Biberkopf kauft ein Kalbsfilet. In: MARTINI, Das Wagnis der Sprache. Interpretationen deutscher Prosa. Stuttgart 1954. S. 336–372 – 6. Aufl. 1970

BECKER, HELMUT: Untersuchungen zum epischen Werk Alfred Döblins am Beispiel seines Romans «Berlin Alexanderplatz». Diss. Marburg 1962. 236 S.

SCHÖNE, ALBRECHT: Döblin. Berlin Alexanderplatz. In: Der deutsche Roman. Hg. von BENNO VON WIESE. Bd. 2. Düsseldorf 1963. S. 291–325

ZIOLKOWSKI, THEODORE: Alfred Döblin. «Berlin Alexanderplatz». In: ZIOLKOWSKI, Dimensions of the modern novel. Princeton, N. J. 1969. S. 99–137 – Dt. Übers. in: ZIOLKOWSKI, Strukturen des modernen Romans. München 1972. (List Taschenbücher der Wissenschaft. 1441) S. 94–126

BEYER, MANFRED: Die Entstehungsgeschichte von Alfred Döblins Roman «Berlin Alexanderplatz». In: Wissenschaftliche Zeitschrift der Friedrich-Schiller-Universität Jena, Gesellschaft- und Sprachwissenschaftliche Reihe 20 (1971), S. 391–423

Materialien zu Alfred Döblin «Berlin Alexanderplatz». Hg. von MATTHIAS PRANGEL. Frankfurt a. M. 1975. 271 S. (suhrkamp taschenbuch. 268)

KREUTZER, LEO: Stadt erzählen. Roman, Film, Hörspiel «Berlin Alexanderplatz». In: ELMAR BUCK, LEO KREUTZER und JÜRGEN PETERS, Die schöne Leiche aus der Rue Bellechasse. Reinbek b. Hamburg 1977. (das neue buch. 88) S. 87–105

O'NEILL, PATRICK: Alfred Döblin's «Babylonische Wandrung». A study. Bern 1974. 142 S. (Kanadische Studien zur deutschen Sprache und Literatur. 13)

ERHARDT, JACOB: Alfred Döblins Amazonas-Trilogie. Worms 1974. IX, 123 S. (Deutsches Exil 1933–45. Eine Schriftenreihe. 3)

SPERBER, GEORGE BERNARD: Wegweiser im «Amazonas»: Studien zur Rezeption, zu den Quellen und zur Textkritik der Südamerika-Trilogie Alfred Döblins. München 1975. IX, 243 S. (tuduv Studien. Reihe Sprach- und Literaturwissenschaften. 2)

OSTERLE, HEINZ D.: Alfred Döblins Revolutionstrilogie «November 1918». In: Monatshefte 62 (1970), S. 1–23

STEINMANN, ADOLF: Alfred Döblins Roman «Hamlet oder Die lange Nacht nimmt ein Ende». Isolation und Öffnung. Diss. Zürich 1971. V, 168 S.

RILEY, ANTHONY W.: Zum umstrittenen Schluß von Alfred Döblins «Hamlet oder Die lange Nacht nimmt ein Ende». In: Literaturwissenschaftliches Jahrbuch NF. 13 (1972), S. 331–358

GRAND, JULES: Projektionen in Alfred Döblins Roman «Hamlet oder Die lange Nacht nimmt ein Ende». Bern 1974. 202 S. (Europäische Hochschulschriften. Reihe 1. 92)

GRABER, HEINZ: Alfred Döblins Epos «Manas». Bern 1967. 144 S. (Basler Studien zur deutschen Sprache und Literatur. 34)

DUYTSCHAEVER, JORIS: Alfred Döblins «Lydia und Mäxchen» als Theaterparodie. In: Texte und Kontexte. Festschrift für Norbert Fuerst. Hg. von MANFRED DURZAK, EBERHARD REICHMANN und ULRICH WEISSTEIN. Bern 1973. S. 49–57

RIBBAT, ERNST: Ein Lehrstück ohne Lehre. Alfred Döblins Szenenreihe «Die Ehe». In: Zeitschrift für deutsche Philologie 91 (1972), S. 540–557

c) Zur Wirkung

KELLER, OTTO: Brecht und der moderne Roman. Auseinandersetzung Brechts mit den Strukturen der Romane Döblins und Kafkas. Bern 1975. 94 S.

KELLERMANN, ROLF: Günter Grass und Alfred Döblin. In: Grass, Kritik – Thesen – Analysen. Hg. von MANFRED JURGENSEN, Bern 1973. (Queensland Studies in German Language and Literature. 4) S. 107–150

Nachbemerkung

Ich danke dem Leo Baeck Institute und der New York Public Library, New York, Joseph P. Bauke, New York, Manfred Beyer, Jena, James C. Giblin, New York, Manfred Hahn, Berlin-DDR, Maria Teresia Ledochowski, Chicago, Manon Maren-Grisebach, Hamburg, Ernestine Schlant Bradley, New York, Ilse Schröter, Hannover, Wolfgang Wendler, Hamburg, für Hinweise und Hilfen; Heidi Thomann Tewarson, Stony Brook, N. Y., für Mitteilungen aus ihrer Dissertation: Sachlichkeit als ästhetische Kategorie bei Alfred Döblin 1900–1933. SUNY Stony Brook, 1977; Erika Otto-Armstrong, Bad Pyrmont–Canterbury, und Eckart Rüther, München, für medizinische und psychiatrische Auskünfte.

Der Abschnitt über *Wadzeks Kampf mit der Dampfturbine* (S. 67–71) war ausführlicher (AKZENTE 1977, S. 569–575) «Hans Mayer mit Glückwünschen zum 70. Geburtstag» gewidmet.

Hamburg–New York   K. S.

Namenregister

Die kursiv gesetzten Zahlen bezeichnen die Abbildungen

Über den Autor

Klaus Schröter, Jahrgang 1931, Mitarbeit an der Goethe-Bibliographie, Universität Hamburg; Literaturkritiker bei Rundfunkanstalten und Zeitschriften; Autor der Monographien über Thomas Mann und Heinrich Mann. 1969 Columbia University, New York; 1972 Professor für deutsche und vergleichende Literaturgeschichte, State University of New York at Stony Brook.

Quellennachweis der Abbildungen